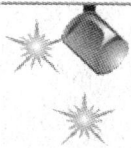

SUSAN BOYLE

DREAMS CAN COME TRUE

shiwenbooks

Dreams Can Come True
SUSAN BOYLE

苏珊大妈
美梦成真

[英]爱丽丝·蒙哥马利 / 著　吴庐春 / 译

重庆出版集团
重庆出版社

□中国大陆中文简体字版出版ⓒ 2010 重庆出版社
□全球中文简体字版版权为世文出版(中国)有限公司所有

版贸核渝字(2010)第 055 号

图书在版编目(CIP)数据

　　苏珊大妈:美梦成真/(英)蒙哥马利著;吴庐春译. —重庆:重庆出版社,2010.6
书名原文:SUSAN BOYLE: DREAMS CAN COME TRUE
　　ISBN 978-7-229-02090-3

　　Ⅰ.①苏…　Ⅱ.①蒙…②吴…　Ⅲ.①苏珊大妈-传记
Ⅳ.①K835.6157.6

　　中国版本图书馆 CIP 数据核字(2010)第 075165 号

苏珊大妈:美梦成真
SUSHAN DAMA: MEIMENG CHENGZHEN

[英]爱丽丝·蒙哥马利 / 著

吴庐春 / 译

出 版 人:罗小卫
策　 划:百世文库 shiwenbooks
责任编辑:刘　翼　熊海群
特约编辑:李明辉
责任校对:李小君
封面设计:阿　元

重庆出版集团
重庆出版社 出版

(重庆长江二路 205 号)
北京朗翔印刷有限公司　　　　　　印刷
重庆出版集团图书发行有限公司　　发行
邮购电话:010-84831086　84833410
E-MAIL:shiwenbooks@263.net
全国新华书店经销

开本:620mm×900mm　1/16　印张:12　插页:8　字数:103 千
ISBN 978-7-229-02090-3　2010 年 6 月第 1 版　2010 年 6 月第 1 次印刷
定价:28.80 元

目　录

EXTRA!!! The Times EXTRA!!!

序言: 纽约,2009.11

　　纽约以前从来没有发生过这样的事情：一个几个月前还名不见经传的人突然一夜成名，让人们疯狂追捧。苏珊·波伊尔，这个态度温和的苏格兰大妈却创造了这样的奇迹！她出现在洛克菲勒中心的一大群歌迷面前，身穿一件优雅的黑色大衣，披着一条红色的编织围巾——这种装扮已经成了她的一种标志。在这里，

她将要在美国国家广播公司"今日秀"节目中进行现场表演。在场有很多观众也像她一样戴着一条红色围巾,他们用这种通常只有那些超级明星才能享受到的待遇表达对她的支持, 她的歌迷昵称她为苏珊大妈,他们用这种方式告诉他们喜爱的苏珊,他们是她的忠实粉丝。

现在的苏珊,虽然还不完全符合人们心目中大明星的形象,但是和不久前她在"英国达人"里雷人的大妈形象初次登场相比,已经有了很大的改善。她的头发,不再像以前那样蓬松卷曲,现在被打理成漂漂亮亮的棕色短发;眉毛也修得很好看;还化了妆,连指甲都涂上了亮丽的红色指甲油。她的才能、人们对她的喜爱和她逐渐成型的明星地位促使她发生改变。

这次"今日秀"节目安排了30分钟表演时间,是苏珊大妈为期一个月的宣传活动的顶峰,为的是宣传苏珊将要发行的第一张专辑。一个轻车熟路的艺人在这种场面里也可能会觉得有压力,但苏珊大妈在演唱时镇定自若,十分冷静。"今日秀"节目主持人马特·劳尔和梅雷迪斯·维埃拉在这群兴奋不已的观众面前对苏珊说:这是一场"出色的表演"。苏珊坦言,在这么短的时间里,从苏格兰那个不为人知的小镇来到现在所在的这个地方,"这就像是在做梦,一点不像是真实的事情"。她还说道:"我现在有所成熟,更像个女士了。我不会再像之前那样总扭屁股了。"

苏珊回答主持人的提问时非常简洁,在说话的时候还会有点害羞,但是不会给人笨拙的感觉,特别是当她面对的是她那些忠实的歌迷,他们拿着标语牌,上面写着她的名字和各式各样的标语,从这些标语可以

看出歌迷对她的支持,像"我也曾有梦"就是其中一条。纵观整个表演过程,苏珊大妈看上去十分平静,甚至可以说是镇静。最后所有观众都期待已久的时刻终于到来了:苏珊走到麦克风前面,容光焕发;她张口为大家深情地演唱。嘹亮的歌声穿过人群,回荡在纽约城的上空。她演唱的第一首歌曲是《我曾有梦》,后面还唱了滚石乐队的同名单曲《野马》,最后一首是《泪流成河》。观众为她的歌声所倾倒,回之以热烈的掌声。

这些歌曲大家都很熟悉:《我曾有梦》是苏珊的成名曲,《野马》是她新专辑中的第一首单曲。有人说苏珊大妈和原唱滚石乐队风格迥异,但苏珊翻唱得很成功。《镜报》评论员保罗·麦克纳米指出,滚石乐队唱这首歌时表现的是一段逐渐变淡的感情,而苏珊大妈却唱出一丝希望,但也带有悲剧性的色彩,"处于社会边缘的生活状态和被人排斥的心情"。

这些歌曲都包含在苏珊大妈的新专辑《我曾有梦》里,她把这张专辑献给她已经过世的母亲,这张专辑创下了音乐史上的新纪录。自在线商城亚马逊网站开始出售碟片以来,这张专辑是收到订单数量最多的专辑。专辑发行时,第一周就卖出了 701 000 张。苏珊大妈每到一处就打破那里的纪录, 这张 CD 是尼尔森唱片市场调查公司(Nielsen SoundScan) 调查过的自 1991 年以来女性艺术家首张专辑发行量最大的专辑。在英国,这张专辑已经售出 41 万张,马上将成为有史以来首张专辑发行量最多的专辑,登上排名榜榜首。苏珊的 CD 销售量超过了 U2 乐队、布鲁斯·斯普林斯汀和酷玩乐队,这些都是这个圈子里的佼佼者。可以说,苏珊大妈真的很了不起,在她之前还从来没有发生过这样

的事情。虽然真人秀节目的确推出了不少明星，可是这些能够在娱乐界立足的女明星都很年轻漂亮，就是男明星也都是长得帅气的。苏珊大妈的出现，完全打破了这一惯例，她和那些符合大众喜好的明星们一样，成为了一颗闪耀的新星，她那优美的歌声似乎能触动人们原始的神经。苏珊大妈来了，苏珊大妈这颗耀眼的明星出现了。

西蒙·考威尔这个在"英国达人"评选活动中发现苏珊大妈的伯乐，现在是苏珊的保护人兼良师益友。对苏珊所取得的成功，他也非常高兴，在接受英国天空新闻频道采访时说："她做到了，实现了自己的梦想。我为她感到骄傲，这样的成功就应该发生在像她那样可爱的人身上。在"英国达人"评选活动中，她一张口唱歌时，整个世界都爱上了这个可爱的女人，这也是为什么她的专辑会成为女艺人首张个人专辑中售出数量最多的专辑。她太让人震惊了！"

另一位"英国达人"评委皮尔斯·摩根，也为这名参加选秀活动的选手感到骄傲。他在接受天空新闻频道采访时说："也许我属于英国那少数几个期待出现这种惊喜的人之一，对美国人来说她是个奇迹，这是在选秀节目历史上不曾有过的事情。但最重要的是，她才华出众，而她的这种才华之前没有被人发现，现在她的机会来了。真是个让人感叹的故事。"

人们对苏珊大妈寄予很高的期望，而她也做得很好，专辑的销售量超过了唱片公司所寄予的高期望值。不管苏珊自己有没有意识到，她产生了巨大的影响，就连享有盛名的滚石乐队也受到她的影响。在苏珊大妈成功之后，滚石乐队重新排练了他们的经典曲目《野马》。似乎

任何被苏珊大妈触碰过的东西马上就会变成金子,这对于没受过多少教育、背景不起眼的她来说真是了不起的成就。她之前还很不好意思地说这是她第一次来纽约,虽然这次来纽约大多数时间都在工作,但她希望能有一点时间到处看看。但是,这并不是她第一次来美国。她从一个喜欢待在家里不爱出门的人,变成了一个走遍各国的人,在过去几个月里她去了很多地方。

那天在洛克菲勒中心,歌迷都还没有看够他们心目中的偶像,他们大声喊着她的名字,为她欢呼喝彩,想继续听她唱歌。虽然苏珊大妈是苏格兰人,因参加英国的电视选秀节目而蹿红,但是歌迷们还是很崇拜她,因为在苏珊身上,他们看到美国式的梦想变成了现实。在这个崇尚自由的国度,人们深信一个人只要努力,就一定能出人头地,但是还没有人像苏珊·波伊尔这样努力过,没有人像她一样如此充分地实现了自我。她的与众不同也具有吸引力:苏珊不是一个充满魅力的少女,没有花枝招展的打扮,一眼看过去也看不出有什么特别的才能,但是她的天赋以最原始的方式冲破束缚和偏见获得了人们的认可。苏珊既是常人,又非常人。这是现实中罕见的灰姑娘的故事。更重要的是——她是"苏珊大妈"。

整件事情发生得太快,现在也开始带来一些问题。大家都知道苏珊很脆弱,在"英国达人"结束后,因为承受了太大的压力,也可能是对悄然而至的命运有所不适,有段时间她住进修道院诊所休养。现在似乎又出现这样的倾向。

参加完"今日秀"节目后,苏珊在附近的摇滚中心咖啡厅和几名歌

迷见面。歌迷为她准备了一份礼物,这是份很特别的礼物,是用从来自28个不同国家的歌迷那里集来的布块缝制而成的被单,他们有来自英国的、来自美国的,还有来自加拿大、墨西哥、波兰、日本和澳大利亚的。

对于一个不管是在小时候还是在长大后,都总是被人欺负的女人来说,这是最好的安慰:她现在走到哪儿都受人欢迎,世界各地的人都喜欢她。如果需要有证据证明的话,那这就是证据,证明她已经摆脱了过去的那些困难、开始了生命中的新旅程。

也许新的生活已经在苏珊面前展开,但是问题却依然存在。有报道说像苏珊这样脆弱的人很难应付她的名声所带来的关注,有些人认为,这种担忧已经演变成了事实。那天,苏珊没有和歌迷们在一起聊天,没有和其他人坐在一块儿,她只是两眼看着远处,吸着自己的大拇指。一名助手显然觉察到她有些不对,走到她身边,面色沉郁的苏珊只是摆摆手让她走开。过了一会儿,她掩面哭了起来。

很显然,苏珊疲惫了,她录制了一张新专辑,纽约是她美国之旅的最后一站。现在她急需休息,但她真是个了不起的人,只要发现有人在观察她,她就能迅速振作起来,摆出高兴的姿态,舞动一下身体。但是再怎么勇敢的笑容也减轻不了她的忧虑,她承受的压力太大了。

但另外一些评论员对这些照片有着完全不同的解读。他们认为,苏珊把大拇指放进嘴巴里,是她表达自己的一种诙谐的方式,想告诉旁人她不想表现得像个孩子。对于一个备受人们关注的媒体新宠儿,要在这么短的时间里学会所有应对这些的技巧是不可能的,她当时根本没想过

这些照片照出来会有这么不雅观。苏珊现在也开始意识到,像其他名人一样,对于人们的这种好奇心她是无能为力,要么成为关注的焦点,要么默默无闻。从现在的情况来看,她只能站在那里成为人们关注的焦点。

大家还是很担心苏珊大妈的承受力。苏珊身边的那些人,尤其是"英国达人"节目组的人,一谈到苏珊的精神状态以及他们把苏珊推向国际舞台成为人们关注焦点是否正确这个问题,他们就会很激动。但是说实话,他们有这样的反应也是可以理解的,不管怎样说,是他们把苏珊从一个微不足道的平常人转变成了她梦寐以求的国际明星。

他们的观点是:苏珊不喜欢她参加选秀节目之前的那种生活,如果她自己都喜欢的话,那他们为什么要让她过那样的生活呢?即使他们说的有道理,但这次吸手指的事件很可能招来很多人的质疑,为防止出现严重后果,必须有人出来解释。苏珊的发言人说:"她当时只是被来自美国各地的歌迷所感动,太高兴了而已。"他还声明她现在精神状态很正常,如果还有人说她精神濒临崩溃,他们将会起诉这些造谣生事的人。

对于这些持怀疑态度的人们,皮尔斯·摩根也很生气。他在接受天空新闻频道采访时说:"像其他艺人一样,苏珊的情绪也会有起有伏。不管你是谁,当你在几千名观众面前表演的时候,你都会觉得有压力。芭芭拉·史翠珊也会紧张;每次披头士出场前,约翰·列侬也会紧张,因为,苏珊会紧张根本不足为怪。我认为在压力面前她现在做得很好。在她身边都是些很好的人。每次我看到她或跟她聊天时,没觉得她会局促不安,相反,这样的生活对她来说是种享受。那些一直说'她要崩溃

了,要撑不住了,她不可能应付得了'的人,只需要看看她现在的表现就会明白。她录制了一张今年销售量最好的专辑,她将会成为历史上艺术家销售榜上的冠军,像龙卷风一样席卷美国大地,深受人们喜爱,她看上去好极了。我觉得批评指责她的那些人应该闭嘴,只需要好好享受,看苏珊·波伊尔是如何成为历史上专辑销售最快的艺术家。"

苏珊很会整理自己的情绪。在美国时,有公司打算编制一档有关她生活经历的电视节目——"我曾有梦:苏珊·波伊尔的故事",在大西洋两岸同时播放。苏珊就思忖着她自己是否能够应付这一切。在和马特·劳尔交谈时,她说道:"很多人都会看到这个节目,我就问我自己'你能做好吗'。有段时间,我真的怀疑自己有没有那么优秀。因为我比较害羞,有时候我希望这一切都不要发生。有时候你会有这样的想法,这只是人的本性。"

因为苏珊大妈与众不同的经历,她还面临一些其他的问题。苏珊不像其他那些享有盛名的明星,有足够多的时间来适应自己大明星的身份,这也使得苏珊现在会面临更多的困难。一般来说,这些明星先是加入俱乐部或更小的组织,很多职业歌手都是在这样一些组织里学到这个行业的规则。他们要靠自己打拼,会遭受挫折,被人拒绝,这个过程让他们意识到自己的价值。而苏珊走的是完全不同的路。有时候苏珊也感觉她缺少必要的锻炼,一直有人照顾她的生活,没有经历那些拼搏和被人拒绝的滋味。因此,她有时候会有疑惑,会怀疑自己是不是值得人们如此青睐,这都是很正常的。

但是，有一件事是可以肯定的，那就是：她很喜欢现在的生活。她说："我知道我的生活和以前不一样了，我想一直这样生活下去。这样很好，我很喜欢现在这个样子。我现在没觉得有压力，我只是觉得自己还不够好。"

"今日秀"还披露了很多事实，在采访过程中苏珊讲到了一个问题。在那之前，媒体上有很多讨论苏珊心智能力的报道，对这件事苏珊没有讲很多，不过她提到这是由于她出生时缺氧导致的。她显然打算向大家说明这件事，但是大家已经明白了她的意思。最后她对马特·劳尔说起，从某些方面讲，她现在获得的名声就是她所需要的可以用来弥补自己不足的方式。

"我的确有些先天不足，我不能用语言很好地表达自己，但是我可以用音乐表达。"她这样说道。如果这样的话也堵不住那些怀疑论调者的嘴巴，那便没有什么能堵住了，其实苏珊的话就是告诉我们：她能用歌声表达那些她不能用语言清楚表达的东西，这就是她和人们交流的方式。

除掉哭了这件事不说，苏珊的美国之行取得了巨大的成功，她也需要做些总结反思。在乘飞机回国的途中，她的耳畔还回响着观众的喝彩声和掌声。有很多问题还有待她去决定，比如说下一步该怎么做？苏珊在刚刚成名之时，打算搬到伦敦去住，但是现在这个打算暂时搁置起来了。她和身边的人都意识到，她所需要的是在人群面前能自由自在地生活，而待在家乡是她最好的选择。

因此就形成了一个更可行的计划：苏珊在她的家乡——西洛锡安

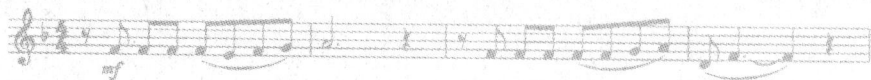

的布莱克本,这个她一直居住的地方,买下一幢四室的简易住宅,这也是为了不影响她最喜爱的小猫"小石头"的生活,她当然有钱继续保留她现在的老房子。虽然人们对她这一次到底能赚到多少钱不太清楚,大家的估计也相差甚远,从最低的 10 万英镑到最高的 600 万英镑。但有一点可以肯定:苏珊的财政状况会发生转折性的改变。就像预想的一样,当她回到苏格兰时,人们会像欢迎一名凯旋的英雄一样欢迎她。

有人认为苏珊可能会被成功冲昏了头,变得自以为是,但事实很快就证明这种担心纯属多余。面对命运的突然转变,她没有太多的改变。在回到苏格兰后(身边的人都建议她回去后好好休息一下),她被拍到穿着圆点图案的睡衣欢快地挥手,完全不在意被人拍到自己穿睡衣的样子。她的态度跟另一名女士完全不同。1997 年 5 月,在托尼·布莱尔当选英国首相的第二天,他的夫人切丽·布莱尔被拍到只穿着一件长 T恤衫,穿得这样暴露和不雅,切丽·布莱尔显得十分慌乱不安。苏珊就不会有这种困扰,她看上去很适应现在的生活。

这样的分析是有道理的,但从苏珊的邻居那听说的消息则好坏参半。其中有个叫特丽莎·米勒的邻居在接受《镜报》采访时说苏珊"真的变了",不过她明白这没什么不好,她说现在都不知道苏珊在想些什么,她每天都要注意该怎么做比较好。特丽莎说:"有一天我在街上跟她打招呼,她没理我,但是另一天她态度非常好,她肯定是有心事。如果她需要的话我很乐意帮忙。"

还有和苏珊的新专辑有关的事,她练歌的时候声音肯定很大,因为

特丽莎说:"周四的时候(她唱歌声音)太大了,我都听不清电视里杰里米·凯尔说话的声音。在专辑发行前一周她一直在大声唱歌,所以到专辑发行的时候我们都能背出里面的歌词了。我觉得在里面她最喜欢《野马》,因为她唱这首歌唱得最多。我们看到她那里来过两辆救护车和一个医生。苏珊说她胃疼。"

　　总的来说,苏珊的邻居都想保护她。苏珊是他们其中的一员,她是在这里长大的。也许她现在因为少数人而遭受到了挫折,但基本上大家都希望她好。他们知道苏珊有学习障碍,也看到她在世界面前发生了如何的转变,明白她现在承受着巨大的压力,这种压力是那些更强势的人们都疲于应对的,他们希望她能够做好。

　　海伦·柯豪斯也是苏珊的邻居,在 2007 年苏珊的母亲去世前,海伦一直都负责照顾她母亲。海伦认为苏珊很感性,很大方,不会被名利束缚。在接受《镜报》采访时她说:"有天苏珊来我这里,戴着一顶黑色的贝雷帽,挂着一根项链,我跟她说她看上去很漂亮。她就马上把它们取下来送给我。她母亲死后,她情绪很低落。有天我在超市遇到她,她对我说'我真想有人给我个拥抱,你能给我一个拥抱吗?'她也许是个明星,但是只要她回到家,我们就会好好照顾她。"

　　这就是苏珊所需要的。现在苏珊的专辑是销售榜上的冠军,她会被很多人所关注。在参加"英国达人"海选时,苏珊说她想要成为像伊莲·佩姬一样的大明星。那时,她没打扮,穿着也普通,人们没感受过她声音的魅力,观众以为她口出狂言也是情有可原的。但现在看来,事

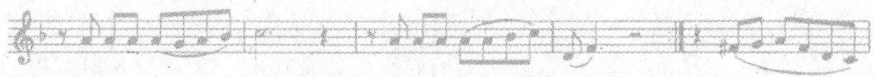

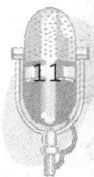

情的确像苏珊所说的那样。激动不已的苏珊只能用"真是难以置信"来表达自己的感受，但这可不仅仅是这样。大家都不相信这样的一个女人会成为明星，但是她做到了，这真是了不起的成就。

选秀节目的评委西蒙·考威尔说："我真为苏珊感到骄傲和高兴，没有人比她更适合获得这种成功。苏珊·波伊尔打破了常规，她的经历就像是部好莱坞电影，只不过这次是发生在真实生活中，主角就是这位才华横溢而且善良的女士。"

在苏珊看来，这个不寻常的一个月结束了，她已经迈出了一大步。伊莲·佩姬不是苏珊最看重的，苏珊把目光定在更高远的目标上。苏珊是个虔诚的天主教徒，几周前，她表示自己想为教皇本尼迪克特十六世演唱，她说："我成为一名歌手，被人们所接受，给人们带来快乐，但我最大的愿望是见到尊敬的教皇。我愿意为他唱《天使之粮》。宗教是我生命的支柱，在我母亲去世之后更是如此。"在几个月前，这是一个不可能实现的幻想，但是现在一切都有可能了。她已经在汤尼·奥斯蒙德洛杉矶的住宅里见到了她的这个偶像。有什么事是苏珊做不到的呢？

在苏珊为她的纽约之行做准备的时候，还有两个人为发生的一切感到非常吃惊，他们就是安特和迪克。他们是"英国达人"的主持人，跟苏珊大妈的关系没有像西蒙·考威尔那么亲密。作为资深的娱乐界艺人，他们对于苏珊大妈所引起的媒体狂热非常吃惊。和苏珊一路飙升相反，安特和迪克经受过很多的挫折，明白娱乐界里竞争会有多么复杂激烈。从"英国达人"节目刚开始的时候起，他们就是节目的主持人，

如果说谁有能力影响到在场内和全国观众的话，那就是这两个人。连他们都声称对现在发生的一切感到诧异。

安特说："我可以说，当时听她唱歌，观众很激动，评委也很吃惊。我们认为这是个惊喜，但我从没想过会演变成这样的大事情，从没想过。她人很好，当时有点紧张，我们对她没寄予很高的期望。但是后来她激起的热情简直要把整个房子都给掀翻了。"

迪克也说："我们会谈论一夜成名的事情，而她真就是一夜成名。她是第一个一夜之间成为世界超级明星的人，从一个苏格兰小村庄里的普通妇女变成举世闻名的明星，连著名的好莱坞明星都在谈论她，她现在肯定头都晕了。"

虽然苏珊自己也很难相信发生的这一切，但她看上去应付得还不错。开始全新的生活之后，苏珊在来纽约之前就曾到过美国，在录制CD的时候还去了洛杉矶行星娱乐中心。

"在洛杉矶机场有很多人迎接我们，"苏珊在接受《每日快报》采访时这样说道，"真是受宠若惊，像我这样的人还真不习惯。我发现美国人真的很热情，很友好，也很开放。在好莱坞就是不一样，就像乘时光机器来到了另一个时空。我住的那个酒店，弗兰克·西纳特拉曾带他的女人住过，我把我的脚趾浸在格蕾丝·凯利游过泳的水池里。我希望还能再去一次。"

苏珊的外表发生了改变，这也是很直观的，她自己对这些改变很满意。40多岁的她看上去比她以往任何时候都要更优雅，灰姑娘终于穿

上她的水晶鞋。"我把头发往上梳,"她轻轻笑了笑接着说,"我已经48岁了……但谢天谢地,这只是个数字。就像大天鹅面前的小天鹅,我现在看上去像见过世面的女人。虽然我的外表改变了,但我的内心和以前是一样的,只是在有些方面可能有所提高。我读到有报道说我去打了肉毒杆菌素,说我牙齿做了美白,但我没做过这些。我只是工作比较努力,稍微瘦了一点。"

在苏珊大妈的第一张专辑发行之际,宣传机器又上紧了发条,制订了苏珊高调出场的两个计划,第二个就是上面提到的在洛克菲勒中心的演唱会,但在那之前,她还将在英国参加西蒙·考威尔创建的"X元素"选秀节目,很多人认为,这是苏珊获得的最大的胜利。

据说苏珊认为能让她出名的只可能是"英国达人",而不可能是"X元素",因为"X元素"比较看重外表。苏珊觉得如果参加"X元素",她连预选都通不过。而现在她被邀请参加"X元素",不过不是以选手的身份,而是以演出者的身份。届时还会有其他知名度很高的歌手同台演出,比如说"X元素"的评委谢丽尔·科尔和玛利亚·凯利。

那天她将要在观众面前演唱《野马》。对于大多数演出者来说,这个时候应该会忙着去找设计师、进沙龙、进健身房,但苏珊和其他人的反应不一样。有人看到她坐557路公交到附近的巴斯盖特去,被祝福她的歌迷围着,跟人合影、签名。然后她就去了当地的百货商店M&Co,一个小时后拿着一大包新衣服从里面出来。从她的行为举止来看,一点也看不出她会是现场的女主唱。

她的这些举止差点导致一场悲剧，因为她的头发被不小心染成了红色。直到到了电视演播室，她才意识到问题的严重性，但那时离演出时间只剩下三小时。工作人员只有采取紧急措施，叫来一群发型师让他们赶紧解决这个问题。过了一会儿，她的头发被染成了深褐色，这样看上去漂亮多了，可以上台演唱了。

由于她有点咳嗽，演唱会受到影响。她一点也不担心，直接上台去演唱，这是第二次出现这样的举动了。观众也不在意，在她张口演唱之前，观众就起立鼓掌，热烈欢迎她上台演唱。再次站在这里真是"太好了"，苏珊还说："再次回到这里感觉棒极了，就像回到家，我喜欢为大家唱歌。大家要多关注我的专辑。"

这场演唱会的主持人当然就是那无所不在的西蒙·考威尔。考威尔现在成了英国娱乐圈里最有影响力的人物，在美国他的影响力也在上升，而现在就是他的时刻。他对苏珊说："我为你感到骄傲，你能到场真是太好了。"但事实远不是这些话能包含。在此无意冒犯，但西蒙就像是苏珊的教父，是他把这个害羞的苏格兰大妈转变成不一样的她——一个让世界为之兴奋的明星。考威尔选中苏珊的确是选对了人，因为苏珊有获取成功所必需的天赋，但她的成功有考威尔的贡献，他就是这张举世瞩目的专辑背后的策划者。所以，这是苏珊大妈的时刻，也是西蒙的时刻。他们俩正在改变音乐史的面貌，重新界定怎样的人能够取得成功。腼腆的苏珊走向世界，在她朋友考威尔的帮助下，她——大妈成功了！

EXTRA!!! The Times EXTRA!!!

灰姑娘现身了

　　2009 年 4 月 11 日,星期六。在英国,很多人都围坐在电视机前, 观看他们最喜欢的节目之一——"英国达人"。那天是新一季选秀的第一次预赛,没有人知道他们在节目中会看到怎样的人。

　　节目的录制现场是在格拉斯哥的剧院,里面三个评委——西蒙·考威尔、皮尔斯·摩根和女演员阿曼达·霍

顿——都已经坐在评委席上。在他们后面,坐满了前来观看的观众。每一个新选手出场的时候,观众就会满怀期待地欢呼,而当一次又一次他们的希望落空的时候,欢呼声就会转变成嘲弄的嘘声。当一位个儿不高、胖胖的女士走到台前的时候,观众更是嘘声不断。她顶着一头蓬松的灰色头发,眉毛也没有修剪过,穿着一件不合身的米色长裙,从哪里都看不出她有什么特别的才艺。镜头扫向观众:大家都扬起眉头、等着看她的笑话。这个人是谁啊?她以为她今晚来这里是干吗的啊?

西蒙拿起纸笔,用他惯有的平静的嘲讽语气问道:"嗯,亲爱的,你叫什么名字?"

"我叫苏珊·波伊尔。"站在台上的那个人答道。她说话带有很重的苏格兰口音,呼吸有点急促紧张,但从其他方面看来,她很冷静。

"嗯,好的,苏珊,你来自哪个地方?"

"我来自西洛锡安的布莱克本,靠近巴斯盖特。"

"那是个大城镇吗?"

"那里是由很多……嗯……由很多,"苏珊的手举起来胡乱画着圈,"村庄组成的。"很显然,她很紧张,但她还能应付得过来。她接着说:"我一下没想起来。"

"那,苏珊,你多大年纪了?"

"我47岁。"她的回答激起人群中一阵嘘声,苏珊便扭动屁股来回应这些不屑,现在这个动作都成了她的标志。"那只能代表我的一个方面。"她这样说道,扭动得比刚才更厉害了。皮尔斯难以置信地皱了皱

眉头,似乎在说"这是在干什么?"同时,摄像头转向安特和迪克,他们都站在后台,安特喊道:"我喜欢这样!"自己也扭动起臀部。

像面对着一群调皮捣蛋的孩子的老师一样,西蒙一脸无奈的表情,继续问道:"好的,那你的梦想是什么?"

"我想成为一名职业歌手。"苏珊回答道。观众发出一阵嘲笑声,屏幕上划过一张张不信任的脸。

"苏珊,那为什么至今你都没有实现这个梦想?"

"我一直都没有机会,但今晚可能就是我的机会。"苏珊一边说一边指了指现场。机会渺茫,观众也许会这样回答。

"好的,那你希望获得像谁一样的成功?"

"伊莲·佩姬。"苏珊答道。观众爆发出又一阵嘘声,显然不相信她有这个实力。

"你今晚要唱什么?"皮尔斯问道。

"我今天要唱的是歌剧《悲惨世界》中的《我曾有梦》。"说完,人群高呼起来。阿曼达·霍顿只是点了点头。

"好了吗?那开始吧。"皮尔斯说。

苏珊转向站在一边的安特和迪克,竖了竖大拇指。音乐响起,苏珊把话筒递到嘴边。她面带微笑——如果没有其他人知道的话,那她自己一定知道当观众听到她的歌声后会怎样——张开嘴巴,开始唱:"时光荏苒,以前的梦境再次袭来……"

歌声的魅力立即引起反响:观众一阵欢呼,这次是观众发自内心的

欢呼。这时镜头又转向三位评委,他们都一脸惊诧和难以置信的表情。她唱到后面,让在场观众越来越激动。

"你没想到吧,对不对?对不对?"安特对着镜头问道,面对台上所发生的一切,迪克似乎也震惊不已。

这时皮尔斯拍手称好,而西蒙也满脸笑容,观众们都站起来第一次给苏珊鼓掌欢呼,在苏珊演唱时,观众数次起立鼓掌。

现场的气氛越来越热烈,苏珊的声音越来越高,声音没有一丝颤抖,歌声的高潮部分完美演绎了这首歌的魅力。阿曼达也站起来为她鼓掌,安特和迪克就像两个顽皮的学生一样大叫,安特喊道:"看吧!"是的,看吧。

苏珊容光焕发,完全掌控了整个舞台,跟之前走上台的那个腼腆的女人判若两人。这是一个出色歌手的声音!当她唱完的时候,全场都欢呼,起立鼓掌。当音乐结束时,苏珊给观众一个飞吻,就开始往舞台外走。

按照说定的,她应该再待一会儿。屏幕后面安特和迪克示意她走回去。这个时候苏珊的实力得到了印证。

"好的,"西蒙说,"苏珊,谢谢你的表演。皮尔斯?"

皮尔斯说:"毋庸置疑,这是三年来我在节目中获得的最大的惊喜。当你站在台上笑着说'我想成为像伊莲·佩姬那样的明星'时,大家都笑你,现在没有人会笑你了。这真是一场令人惊讶的、高水准演出。"站在台上的苏珊乐开了,她开始意识到到底是怎么回事,又给了观众一个飞吻,观众都激动不已,不停欢呼。

"太惊人了，"皮尔斯接着说，"我到现在都还觉得难以置信。不知道你们俩是怎么想的。"

　　"我很激动，因为我知道刚开始的时候大家都不看好你，"阿曼达直言不讳地说，"我觉得我们都是以貌取人，而你的歌声就像是醍醐灌顶一样把我们唤醒。我想说的是能听到你唱歌是我的荣幸。太振奋人心了！"观众席响起又一阵掌声。

　　"非常谢谢。"苏珊回应道。

　　西蒙又开始幽默了，他说："从你刚走上台时我就知道，我们会见识一场特别的演出，而且我的想法没错。"人群中发出一阵笑声，苏珊也叫道"西蒙，拜托了"。

　　"他在说什么！"迪克叫道。

　　"苏珊，"西蒙继续问道，"你就是只小老虎，对吧？"

　　"我不是。"苏珊回道。

　　"你就是只小老虎。好了，投票时间，赞成还是不赞成？"

　　"这是我给过的最全心全意的赞成。"皮尔斯说的时候，苏珊就开始惊喜地笑开了。

　　"阿曼达？"

　　"赞成，当然是赞成。"苏珊开始有点不敢相信这是真的了。

　　"苏珊·波伊尔，"西蒙说，"你可以带着三张赞成票昂首挺胸地衣锦还乡了。"

　　苏珊情不自禁地在空中挥动拳头，在台上跳舞祝贺，然后再离开舞

台,再一次给起立欢呼的观众一个飞吻。这不仅仅是选秀节目中最不寻常的一刻,也是电视荧屏上最不寻常的一刻。

在上场之前,苏珊跟安特和迪克聊过一会儿,坐在电视机前的观众和坐在现场的观众一样,都感到迷惑不解。和他俩聊天时,苏珊说她将近48岁了,她有一只叫"小石头"的猫,她没结过婚,甚至都没和人接吻过,她肯定会后悔自己说过这些话,因为媒体之后对这方面信息十分关注。她看上去像个笨拙的女人,承认自己很紧张,想来这里得到自己想要的。当然,她就是这样做的。

"我会让观众大吃一惊的。"她对安特和迪克这样说到,安特和迪克应该没指望她能做到,不过他们出于礼貌没说出来。

第二天的报纸上的评论也表达出同样的震惊。真是难以置信,一个没有接受正规教育的人竟然能唱出这么美妙的歌声。马克·杰弗里在《镜报》上写道:"苏珊·波伊尔的嗓音高亢优美,足以为天堂的唱诗班增添色彩,但是自学成才的她那发型又像是在地狱里做的。这个其貌不扬的47岁女士一展歌喉,便唱出了'最大的惊喜','英国达人'的评委都惊诧不已。"

马克称这是一场"让人惊叹的表演",除他以外,还有很多人这样认为。《每日电报》称苏珊是"歌唱史的奇迹";《每日星报》也报道说,观众都对她"惊人的"歌声感到震惊;而《周日快报》也对她"振奋人心的表演"连连称道。更让人惊讶的是,有些人一般不会对这种有一定年纪的人产生兴趣,但是现在这些人都关注她,这会改变她一生的命运。好莱

坞明星黛米·摩尔说这是她看到过的最感人的事迹之一；奥普拉·温弗瑞想邀请她做节目。苏珊"英国达人"的预赛片断被发送到YouTube上，很快便成为在线点播最热的视频，而且现在仍然是点播最热的视频。在这本书成书的过程中，就已经被点击3 500万次，全世界范围内她的视频点播的次数是这个数字的3倍。

苏珊的外貌和她的声音给人的感觉如此的不一样，外界立即对她产生了浓厚的兴趣。有人把她和保罗·帕兹作比较，相貌平平的歌手保罗·帕兹两年前凭借着出色的嗓音，赢得了"英国达人"第一季的比赛。但是苏珊引起独特的轰动，真是令人难以置信，以前从没有发生过这种事情。

苏珊的成功让整个电视业界为之惊讶不已，但是最觉得难以置信的应该是苏珊本人。像这样突然成为大众关注的焦点，即使是那些深谙此道的媒体宠儿在面对这一切时都会三思而后行。而苏珊并不了解里面的规则，你看到是怎样的就是怎样的，她根本没意识到媒体是多么密切地关注着她，她的一举一动都有可能被这些报刊放大(也许《金融时报》是个例外)。苏珊发表的各种言论、开的玩笑都令他们津津乐道。在现在这个阶段，她还不知道该如何应付这些媒体，因为没人想到她会这样备受瞩目。

比如说，刚开始时，苏珊曾说起过皮尔斯·摩根，苏珊看上去对皮尔斯很有好感，但还不至于被人们拿出来评头论足，写成报道。她还曾在电视上公开表示她"从没接过吻"，虽然这不是真的。但是，她竟然公开谈到她很仰慕皮尔斯，这样做是不恰当的。

在布莱克本的房子外面，苏珊对着一群围在她房子外面的记者们

说:"直到现在我还没遇到正确的人,但是也许现在事情会有转机,因为我遇到了皮尔斯。"这些记者们都伸长脖子,期待这位轰动全国的大明星能说出什么能供他们八卦的新闻素材。苏珊接着说道:"他长得很帅。要在皮尔斯和西蒙两个中挑一个真难,因为他们俩都很有味道,但我想还是皮尔斯更好。"

这样的言论没有什么不好的影响,只是给人们提供了撰写有关苏珊大妈(苏珊大妈现在已经成了苏珊·波伊尔的昵称了)的八卦新闻的素材。

但是苏珊对记者所说的话,有时也会给她带来不好的影响。这不是指她不太注意仪表,看上去很土这样的事,而是她说起的她一出生就有残障,这对她的生活有很大的影响,丝毫不带有一点自怨自艾。苏珊说:"我学东西不快,大家大多数时候都告诉我不能做什么,而不是我能做什么。现在,能向大家展示我会唱歌,我觉得唱歌比说话容易,我用心唱歌,歌声更能表达我的想法。"

虽然苏珊不那么可怜,但是生活过得不容易,这样说不是因为她一个人住。"直到妈妈在两年前去世,之前我都是和妈妈一起住,"苏珊接着说,"现在只有'小石头'陪着我,但是当我唱歌的时候我知道妈妈还在听我唱歌。"

当所有这些以及更多的有关她的信息被大家知晓的时候,苏珊的生活就改变了。当苏珊第一次走上格拉斯哥的舞台时,所有人都嘲笑她,一个衣着普通的乡下妇女竟然拿自己和伊莲·佩姬相提并论,简直不知道天高地厚。大家对苏珊的弱点了解的同时,也对起初怀有的偏

见感到尴尬。苏珊从小就这样那样地被人欺负，现在好不容易鼓起勇气站在这里展现自己，面前坐着 3 000 名观众,包括电视观众有 1 100 万,如果用 YouTube 的点击人数来算的话,全世界就有 3 300 万观众。为什么我们不能给她一个机会？为什么她就不能充分挖掘自己的潜能？为什么大家要嘲笑别人？她是一个人,难道她就没有感情吗？

如此粗野地对待一个像她那样受到特殊保护的人也是不对的。当各家媒体都争先恐后地挖掘有关她的新闻时,苏珊在接受《镜报》采访时说:"没人吻过我,如果有人亲一下我的脸颊多好啊,但是我从没和人那么亲密过。父母不希望我交男朋友,所以我从没跟人约过会。我想我永远也不会有男朋友。我唯一觉得遗憾的事情就是我没有小孩。我喜欢小孩子,如果能做母亲会多好啊。"

苏珊也直言对皮尔斯颇有好感,皮尔斯已经有了一个交往了很久的女朋友——记者西莉亚·瓦尔登。苏珊说:"他太帅了。记得'美国达人'第一次放映时,我看到他,当时就想,他看上去真不错,我就想他到底是谁。在预选时,由于不好意思,我没有告诉他我的这些想法,但为了参加节目我特意去烫了头发,穿上我几个月前为了参加我外甥婚礼而特意买的衣服。我也喜欢西蒙·考威尔。他长得很帅,但他是老板。我很尊敬他,因此对他不敢有那样的想法。我曾经也很喜欢特瑞·沃根,但是现在觉得他年纪有点大。"

所有稍有良知的人,听到苏珊说的这些话,都会同情她。虽然后来我们知道她曾在电视上露过一次面,而且至少以前有过一个人追求过

她。在她说起自己的经历和生活时,她的自然坦率很有感染力。没有什么日程计划,一切都很简单。她想做个歌手,虽然她很努力,但是之前一直没遇到合适的机会。她很谦逊、很坦率,在母亲年老时一直陪伴在她身边,而现在与一只猫一起生活。这样一个人,谁不会为之感动呢?

谦逊、不自怨自艾、被欺侮时的自尊,再加上她那副好嗓子,所有这些因素,都让人意识到她将会引起人们的关注。另外,她在美国也很受欢迎。像"欧普拉脱口秀"、"拉里·金访谈"、"早安美国"、美国国家广播公司及哥伦比亚广播公司等一系列节目或频道都表示对苏珊很有兴趣。

苏珊曾提起当她成功时,她想成为像伊莲·佩姬一样的人,伊莲·佩姬就是另一个支持苏珊的人。事实上,伊莲·佩姬还提议她们可以一起共事。在自己的网页上,伊莲·佩姬这样写道:"自从苏珊出现在'英国达人'之后,我在邮箱里收到很多电子邮件,似乎她的表演感动了每个收看了这期节目的人,包括我……好像我有了一个竞争对手!也许我们可以来个二重唱?对于每个怀抱梦想的人来说,那就是个典范。"

第一次将《悲惨世界》搬上舞台的著名音乐制作人——卡麦隆·麦金托什爵士说:"我觉得苏珊·波伊尔可能会是美国专辑销售榜的冠军,我可以预料到这点。她充满激情的演唱让我很震惊,那简直就是我有生以来听到的对这首歌最完美的演绎。"麦金托什爵士是英国戏剧界最有影响的人物之一,因此这是对苏珊极高的赞赏。

苏珊应邀出席了"拉里·金访谈"节目,同时出席的还有皮尔斯·摩根,皮尔斯约苏珊一起吃饭,苏珊也答应了。在访谈期间,苏珊想起这

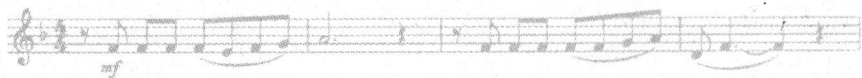

几天来发生的这么多事情,说:"太不可思议了,就像在快速列车上刮起一阵旋风。我从没想过会受到这样的关注,真是难以置信,太疯狂了,但是我还能适应。"

对于发生在苏珊身上的这一切,皮尔斯·摩根也极其惊讶,他是最早发现苏珊有巨大潜能的人之一。就像很多与"英国达人"和苏珊有关的人一样,皮尔斯也定期写博客,那天皮尔斯写道:"我能记起她张口唱歌的那一刹那,老实说,那个声音和我现在这个脱口秀节目评委一样,是始料未及的,是我做评委以来最激动的时刻之一。苏珊·波伊尔不仅仅是一名好歌手,还是一名非常出色的歌手。后来我重新观看她的演唱时,我发短信给在好莱坞的西蒙说:'天啊,苏珊唱得比我记忆中的还要好,她真是太让人惊讶了。'他也这样认为,我甚至能想象得到他那对小眼睛在发光。除非是头没大脑的猪,要不然,谁都明白这一期节目过后,这位西洛锡安的村民将会卖出很多唱片。"

只在"英国达人"中出现一次后,还没有任何迹象预示她未来的命运,就说到了有关专辑的事情。没人知道苏珊会成为怎样一种现象,但是业内人士都知道她的特别之处,意识到她潜在的商业价值。拉里·金向苏珊问起这个问题时,苏珊只是轻描淡写地带过。

"现在谈论这个还太早了,"她说,"比赛还没有结束,我才刚刚起步。"而且她认为也没必要对自己的衣着外表做改变。她说:"为什么我要改变呢?"她会改变主意的,而且很快就改变了。

在另一次采访过程中,她对自己的形象不是很满意,同时也回答了

2009年11月23日，苏珊大妈在纽约参加NBC的"今日秀"节目。

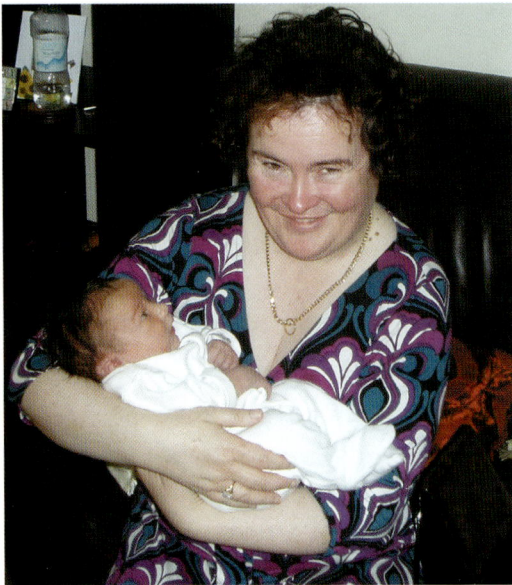

上左：苏珊大妈9岁时在一个家庭婚礼上留影。

上右：2009年11月18日，苏珊大妈与她两周大的外甥合影。

下：2009年4月10日，在"英国达人"上引起轰动的苏珊大妈手捧她父母的结婚照。

上：2009年12月14
日，苏珊大妈
在德国的电视
节目"大众达
人"上献唱。
(图片/CFP)

右：2009年12月24
日，头戴圣诞
帽的苏珊大妈
在与狗仔队打
雪仗。

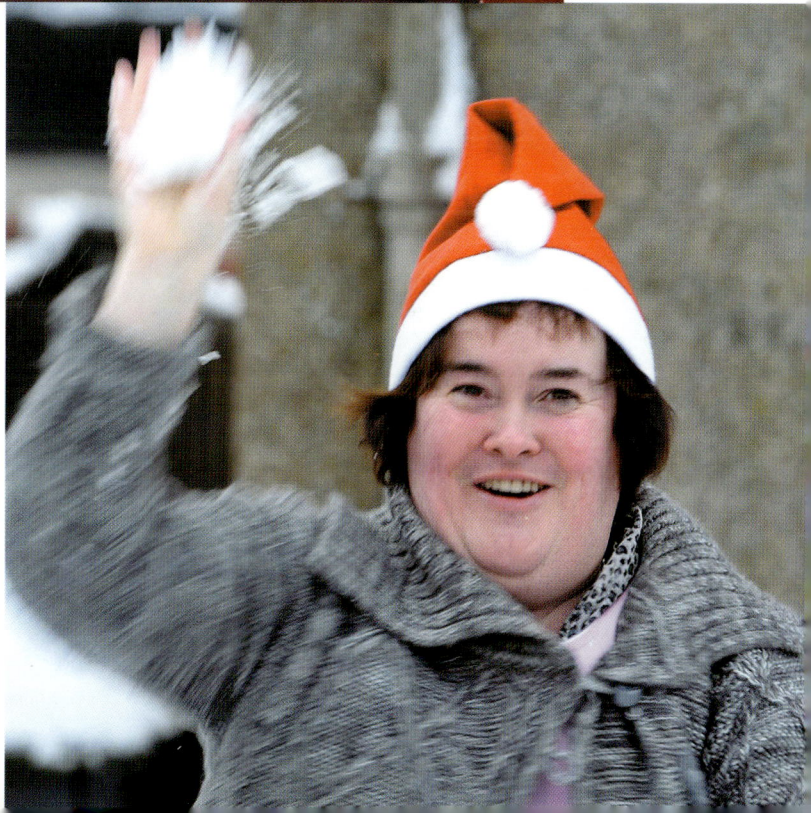

2009年6月1日，格拉斯哥的粉丝持苏珊大妈的大幅卡纸像为她加油。

GOOD LUCK
SUSAN

2009年5月29日，苏珊大妈家乡的粉丝在自家窗户上打出"好运！苏珊"的口号支持偶像。

很多提问。"他们说电视机让你看上去很胖,而且看上去真的很胖,"她在接受《镜报》采访时说,"我看上去就像个大桶,看到这样的我我很难受也很惊讶。我没想到我会让人流泪,希望他们不是因为这个才哭的。能参加这个节目,我很高兴。真的是梦想成真了。"

当苏珊参加家乡天主教堂举行的复活节主日礼拜时,她发现这个实现的梦想带来了很大的改变,大家都站起来欢迎她。苏珊几年前就开始在这所教堂里当志愿者,突然,这些会众都来欢迎她。后面苏珊说:"真是难以置信,虽然我们在同一个教堂里唱歌,但是他们很多人都不知道我唱得怎样,所以他们现在很惊讶。我比较腼腆,不爱说话,所以他们从不知道这些。真是太激动了。他们每个人都很好。很高兴在街上孩子们会跟我打招呼祝贺我。"

那是个改变。虽然苏珊在村庄里人缘不错,但也有人很不友善,给她带来很多的困扰,但这些人对她的态度也发生了改变。苏珊的一个邻居维姬·麦克里恩说:"以前有人会在大街上对她大吼大喝,但是现在他们的态度都改变了。有一天在去商店的路上,我遇到她,她说她知道哪些人是她真正的朋友——就是那些在参加节目前就喜欢我的人。她知道有些现在来拜访她的人都不是出于真心。"

有很多人像维姬一样有这样的想法,虽然人们的担心都不是空穴来风,但也有一些人指出苏珊以前很难找到合适的对象,在这之后不管她会遇到怎样的困难,但也许可以帮她找到幸福。凯瑟琳·亨特就是其中一位,凯瑟琳从苏珊小时候起就认识她。凯瑟琳在接受《每日快报》

中说："苏珊一直想通过'英国达人'达成自己的这一心愿,以前她和她的母亲布里奇特一起观看过这个节目。她一直和她母亲一起生活并照顾她,直到她两年前去世,去世时她母亲91岁。"

"他们以前一起观看这个节目时,她妈妈就鼓励她去参加这个节目。她妈妈死后,苏珊就不唱歌了,变得很抑郁。这培养了她的信心。那去世了的父母会为她骄傲的,我们也为她骄傲。上周六晚上看完节目,整条街上的人都希望她一切顺利,大家都打开房门,蜂拥而出大声祝贺她。"

伊莲·克拉克是苏珊的至交好友,她很担心苏珊。她说:"苏珊在人前很腼腆,她如果不唱歌人们不太注意到她,她很喜欢听她唱歌的人。在村子里,大家都知道她嗓子好。她定期会在酒吧唱歌,她总是在唱歌,有时她把窗户打开,整条街上都能听到她的歌声。夏天我们烧烤的时候,她会在这个园子里唱完再去另一个园子唱。在村子里她会很安全,但面对这样的成功,她要好好考虑如何面对才好。希望她会得到很好的照应。"这种担心一直都存在。

也许有些人表现出的友好并不是发自内心的,但是很显然她周边的人都很激动兴奋。随着世界各地的人对这个外表普通却嗓音极其优美的女人有着越来越多的了解,她预选时的视频在 YouTube 上的点击次数达到好几百万。苏珊仍然坚持她不需要对外表做什么改变,或者其他事情,坚持最重要的是唱歌唱得好不好。阿曼达·霍顿也支持苏珊不改变自己。每个人都对苏珊生活中的某一方面有自己的见解,相互争辩以证明自己的见解是有道理的。但是一切都变化得太快,这已经不是苏珊,或其他任

何一个人能控制得了。自从苏珊第一次出场以后,大家就知道她父亲是个军人,有9个孩子。在苏珊获得这些名声之后,她的这些兄弟姐妹都非常高兴,只是有些担心她的成功会失控,使局面变得一发不可收拾。

她的哥哥约翰说:"苏珊引起的反响太让人惊讶了,她早就该被大家认可。"这太让人振奋了,当然这里不仅仅是指苏珊自己对所发生的一切振奋不已。把她带到现在这个位置的那首歌的歌名也再恰当不过了。她也曾有梦,是的,现在看来她的梦正在变成现实。

苏珊在采访时公开表示自己还是个处女,搞得现在很多男人都声称如果苏珊愿意的话他们可以帮忙。苏珊被问及此事后,非常巧妙地说:"有人这样关注我,真是受宠若惊。"

现在出现了一个新兴词语"毛茸茸的天使",这是指苏珊不太注重打扮,也许也正是对她的这个描述,让她改变主意更注意形象。在 YouTube 上,有关她的采访片断的视频仍然创造着奇迹:短短5天里,就被点击了2 000万次,比布兰妮·斯皮尔斯当年的点击次数还多6倍。

不光拉里·金邀请苏珊参加自己的节目,在她的家乡,布莱克本电视台也去采访她,美国另一位主持人黛安·索耶,还有其他人,甚至那些还没意识到她是谁做了什么的人,也邀请她来做嘉宾。随着苏珊在美国越来越受欢迎,著名人气脱口秀主持人杰·雷诺也邀请苏珊来做客,苏珊穿上一身金色的礼服,带上假发,雷诺对欢呼着的观众说:"我妈妈也是苏格兰人,和苏珊来自苏格兰的同一个地区,我想我们可能是远亲。大家看她唱歌时,看出我们有点像吗?"

苏珊很喜欢现在的生活,她在接受《每日快报》采访时说:"我简直不敢相信我是这样幸运。让他们来吧。真是不可思议,世界各地的电视台都来采访我。每天早上我醒来时脸上都带着微笑,我不敢相信这样的事情发生在我身上。太震惊了,我沉浸在其中,但是我双脚立地很稳,我知道我该做什么。"

每个人都想和苏珊搭上关系。远近闻名的浪荡子拉塞尔·布兰德打趣说:"苏珊宣布说我和她的眉毛进行霹雳舞比赛,赢了的人就可以得到她的初夜。我一定得赢!"

皮尔斯·摩根也来凑热闹,他说:"苏珊,要是你在听的话——我也随叫随到!我决定邀请苏珊去一家很浪漫的餐厅一起吃饭。也许再加上些玫瑰花、美酒、出色的服务员,或许可以赢得她的初吻。"

这会不会太过了?不管怎么说,皮尔斯都是苏珊的最忠实的支持者之一,他现在也是高兴得忘形了。但是很多媒体都很担心,一个极其坚强的人在突然受到这种程度的关注时都会有压力,更何况是像苏珊这样脆弱的人呢。虽然大家都知道苏珊在学习上有障碍,但是她脆弱的一面还没有显示出来。在短短几天里,苏珊从一个默默无闻不为人知的村姑变成了这个星球上最出名的明星之一。她的家人也介入进来,陪在她身边。有一阵子,苏珊故意躲避大家的目光,让每个人都有机会平静一下恢复正常。不管苏珊如何躲藏起来,她都不能否认,在这一个星期的时间里,她的生活在不知不觉中发生了改变。

30

EXTRA!!! The Times EXTRA!!!

苦苦寻觅的苏珊

谁都不能否认苏珊·波伊尔引起了一阵轰动。有人认为像以前出现过的那些电视真人秀明星一样，这次大家也只是一时兴起，过段时间就会忘记这个人的存在。但是事实和这些人预想的正好相反。人们对苏珊越来越着迷，不光那些喜欢音乐剧的人支持她，就连那些耍酷的时髦年轻人也围着这个上了年纪的苏

格兰大妈转。著名好莱坞明星黛米·摩尔和她丈夫艾什顿·库奇之间的谈话就是很好的证明。

"这个晚上过得真不错。"艾什顿说。

"你看到我都哭了。"黛米应和道。与此同时，罗塞尔·布兰德也发出感慨，这次可不是拿苏珊开玩笑。他写道："我刚看完苏珊·波伊尔的表演，亲眼目睹她的潜能得到认可，我很感动。"如果说有什么预示苏珊能引起全国范围的轰动的话，那就是这种想法。苏珊·波伊尔和罗塞尔·布兰德性格迥异，但是却赢得了他的认同。

尽管整个世界都为她而疯狂，但苏珊还是很冷静，她接受了这个事实：她从人群中脱颖而出，成为了世界最红的明星。但是所有这一切都出乎人的意料，即使是西蒙·考威尔也不可能料想到这一切，每曝出一则消息，人们就更加关注她。

苏珊不再抛头露面让大家更想知道有关她的消息。事实上得不到的东西人们更想要，大家都想知道关于苏珊的信息，当无法了解到的时候，就更想了解。按照计划，苏珊要到下个月才会再露面，大家对她的猜测、兴趣和期待越来越强烈。记者们纷纷来到苏珊的家乡，想尽办法打探有关她的消息，这样有关苏珊的信息就一点一点地被挖掘出来。拼凑而出的苏珊是一个很好的女人，从小就被别人欺负，最近更是被人欺负。她母亲的去世对她的打击很大，更可恶的是，在村子里还有些人让她的生活更艰难。

有很多邻居都乐意站出来为她说话，布莱恩·史密斯就是其中一位，他几年前就认识了苏珊，他强烈抗议大家说苏珊从没有被人吻过。

"在过去几年里,她过得不容易,情绪很低落,但她是个好人,慷慨大方,深受人喜爱,哪个男人娶到她都是福气。"他在接受《镜报》记者采访时这样说道,正是由于苏珊的善良,才会让人们对她有如此的评价。他还说:"说她没被人吻过是假的。我都亲吻过她的脸颊并对她说'不要太担心,一切都会好起来的'。当她要人帮忙或想借个肩膀靠靠时,她会来找我。"

和很多单身女性一样,苏珊也负责照料她的母亲布里奇特。当她的母亲二年前去世的时候,她的生活出现了一片难以填补的空白。当她母亲在世的时候,苏珊要找到个人结婚很困难,在她去世之后,就越发难了。可以说,苏珊从小到大没有怎么享受过生活。

"我从没见她举办过什么生日聚会,因为她一直忙着照顾她的母亲。"布莱恩继续说道,"而当母亲去世,房子里只剩下她一个人住的时候,她情绪极其低落。她甚至三四天都不出门,按门铃也不应,打电话也不接。"

当地的小青年也来捣乱。"他们会大声骂她,用雪球砸她的门,还搞些恶作剧,看谁敢去敲她家门,再迅速跑开。"布莱恩说,"遇到他们时,苏珊总气得够呛,这样那些小子就更张狂。我们经常会去把他们赶跑。"

把苏珊的生活环境考虑在内的话,人们更加佩服苏珊参加"英国达人"的勇气,在格拉斯哥她勇敢面对在场那么多观众的嘲讽。一直以来,她都被人嘲讽、欺负,如果没有这一场惊人的演出,很有可能她以后还要遭人欺凌。虽然人们可以说苏珊有学习障碍,但是却不能小觑她的抱负。苏珊把参加"英国达人"当做是她实现梦想的一条途径,所以

她来了。就现在看来,她的这一步走得很成功。

有个像苏珊一样的好嗓子不可能没有人注意到,事实也是如此。在当地的快乐山谷酒店,苏珊是卡拉 OK 比赛的常客,在这里,大家都知道她歌唱得好。酒店老板杰基·罗素在接受《镜报》采访时说:"苏珊一周会来三四次,但你也许不会注意到她。她经常点一杯柠檬汁,坐在一边。但是当她拿着麦克风时,你就不可能不注意她。"

"英国达人"的评委对待苏珊的态度也受人们关注,最初这三位苛刻的评委都不以为然,后来皮尔斯和阿曼达都对他们在演出时的表现向苏珊道歉(至于说的那些她要打扮打扮来掳掠男人这样的话,皮尔斯真的应该道歉)。

"我真的应该向苏珊道歉,早就该道歉了,"皮尔斯说,"我和西蒙·考威尔都不够礼貌。在她刚走上台的时候,我们都笑话她,但她是那个笑到最后的人。她唱得太好了。"

阿曼达也说了差不多的话:"虽然不愿意承认,但是很明显,当她刚刚走上台的时候,我们都以貌取人。观众都嘲笑奚落她,这真让人不舒服。心里想着'要么好好表现,要么就滚下去'。我们对她没抱希望。"但是后来,就像阿曼达所说的那样,每个人都觉得自己发现了"真正的金子"。

皮尔斯和阿曼达说过很多类似的话,特别是阿曼达,她总告诉苏珊她不需要特意做什么改变,不需要变得漂亮,也不需要去看西蒙·考威尔的牙医……但细心的人会发现阿曼达自己是美容院的常客。苏珊第一次被人如此关注,其中有些人就是喜欢她那种和城里人不一样的

风格。虽然现在那些以前欺负过她的人不会再像以前那样欺负她,但是在相当长一段时间里,媒体还是会说三道四非难苏珊。

苏珊的出现掀起了人们关注的狂潮,当下一周"英国达人"播出时,人们的期望更高,但并没有什么特别令人兴奋的人出现。不过其中有个叫沙欣·贾伐高利的12岁男孩在艾米·怀恩豪斯还在演唱《瓦勒利》时就跑了上来,遭遇了典型的考威尔式批评的洗礼,给了他另一个出场号码。他上台演唱的是迈克尔·杰克逊的《谁爱你》,他唱得很好,评委轻轻拍了拍他的背。

后来有个叫朱利安·史密斯的萨克斯演奏者也让阿曼达热泪盈眶……表演还是照常继续。这里的确有达人,但这些达人都不足以像苏珊演唱后那样让节目暂停。怎么可能会有呢?在苏珊身上发生的事情是百万分之一的几率。即使她不在场的时候,人们也总是想到她。多少年来她的存在一直被人们忽略,但是她现在不在场也让人们念念不忘,这简直就像她已经成为一名歌手一样令人兴奋。

还是没有人知道苏珊在哪里,但是即使这样也不能阻止各种光怪陆离的报道浮现出来。从未接过吻这样一个标签还贴在那(亲过脸颊这个理由还不够充分),所以她的一个朋友威廉·麦克唐纳站出来说愿意效劳。"如果有女士想有人同她接吻,我可以效劳,"他还说,"她现在非常有名气,因此可能要找个年轻点的男士来效劳。"也许是这样,但是她没那么多时间。似乎大家都想和苏珊沾上点关系,而她一直避而不见让人们更想见到她。

选秀节目的第二轮的竞争会更加激烈。虽然苏珊是很有实力的选手，引起了很大的轰动，但这并不意味着苏珊就会赢。在选秀过程中，有很多像沙欣一样的竞争对手。苏珊和沙欣之间的竞争有人说是"毛茸茸的天使"和"小天使"之间的竞争。迈克尔·杰克逊都曾表示在他伦敦个唱的时候要见见这个年轻人（但不幸的是，沙欣后来只能在杰克逊的追悼会上表演）。

沙欣身后也有让人感叹的故事：他生活在单亲家庭，由母亲抚养长大，年纪轻轻，但是嗓子很好。他只有 12 岁，和苏珊一样，不太能适应出名带来的压力，这当然不仅仅是因为媒体一直把他们看成是比赛的竞争对手。

"苏珊歌唱得真好，"沙欣说，不知道是不是出于礼貌才这样说的，"我不想成为别人的对手。但如果我赢了，我也不会感到意外。我知道我是一个好歌手，我觉得我能唱得和参加比赛的任何人一样好。我很喜欢现在做的一切。"

"苏珊和沙欣不一样，"沙欣的母亲凯伦插话说，"节目还是会继续，表现最好的人会胜出。"

和苏珊不一样的是，沙欣有一些专业经验，他曾出演过英国电视剧《火炬木小组》和《急症室》，而且在《颤栗》拍摄过程中，客串饰演了儿童时期的迈克尔·杰克逊。但是缺乏经验并没有对苏珊有多大的影响，这反而成为她的魅力之一。

即使在还没出现苏珊以及她和沙欣之间的竞争之前，"英国达人"

系列节目也广受关注。当西蒙·考威尔被宣布成为节目的第四位评委时，很多媒体都争相报道。原先指定的评委之一女演员凯莉·布鲁克，在节目开拍前两天，被取消了评委资格，各媒体更是议论纷纷。考威尔说她当评委会影响节目的活力，而凯莉自己则声称真正原因出在安特和迪克身上，部分原因是她没有请教过他们，另外她很不明智地质问他们都干了些什么也是原因之一。

不管怎样，苏珊的相关事迹仍是人们关注的信息。稍后被报道出的信息是发生在苏珊上电视前不久的事：苏珊曾申请加入在西洛锡安利文斯顿的坎蒂莱纳合唱团，但是被拒绝了。"她申请加入我们合唱团，但是我们现在没有空缺位置，"合唱团秘书雪莉·厄尔曼解释道，"当时她跟我说她参加了"英国达人"的预选，可是当我在电视上看到她的时候还是非常吃惊。我们是小型合唱团，只有18个成员，不是那种有五六十人的大合唱团，所以我们不需要太多的歌手。"就现在的情况看来，损失的是他们。

人们还在继续关注苏珊，歌迷、记者都开始涌向布莱克本，以一睹这位看似不可能的新星风采。苏珊也露面了，但为了避开公众好奇的窥视，不得不在房子外面建起了围墙。

苏珊大妈热度还在继续增长，此时又出现新报道。早在1999年的时候，苏珊就录制了一首《让我泪流成河》以支持慈善事业，这张唱片只发行了1 000张。其中有一张现在出现在eBay网络交易平台上，有人出价1 000英镑购买。

《X-战警》系列电影明星休·杰克曼是又一位声称是苏珊歌迷的明

星。他说："苏珊·波伊尔现在在哪？我已经准备好跟她唱二重奏了。"这可不是开开玩笑，休很有音乐天赋，还在卡耐基音乐厅出演了音乐版《旋转木马》。亚兰·波布里尔的名字也许不像之前提到的议论苏珊的那些名人出名，但是也懂音乐，他也是《我曾有梦》的歌词撰写者。他说："我想到了伊迪斯·琵雅芙。琵雅芙长得并不引人注目，但是当她张口唱歌时，她的歌声太美了。再怎么以貌取人的人都会被她的歌声所感动。"先是拿苏珊和伊莲·佩姬作比较，现在又和伊迪斯·琵雅芙作比较，这真是莫大的称赞。

与此同时，苏珊的预选视频仍然是互联网历史上观看次数最多的视频之一，现在已经超过了 1 亿次。美国音像跟踪公司发言人马特·卡特勒说："历史上也曾有过这种某一视频疯狂传播的情况，就好像整个世界都在关注同一件事。最近的这个明星就是这个出人意料的苏珊·波伊尔。在不到一个星期的时间，谦和的苏珊·波伊尔就从不为人知变成人人皆晓的大明星。"

在点击次数达到 1.16 亿次的时候，卡特勒又说道："她的表演很可能成为互联网历史上最受欢迎的视频。我们现在正在密切关注，数数在 150 个不同的网站上，而不仅仅局限在 YouTube 上，有多少人登录观看该视频。"

苏珊又开始进入公众的眼帘，但似乎她的外表有了一些改变。她的头发还是灰色的，但是修剪过了，穿的衣服看上去也比以前漂亮了。苏珊坚持她不会像好莱坞明星一样打扮自己，但是经常上电视的人总是会在意自己的外表的。虽然苏珊还没有经常上电视，但是比地球上

任何其他人都更受人关注。因此，尽管阿曼达声称苏珊和以前一样，但是看到她有所改变也是人们意料之中的事。

有很多记者都想方设法地接近苏珊。有一次，苏珊也似乎对其中一名记者暗示了这种意思，她说："我得逐渐形成自己对衣服的审美观，多关注自己的体重。我也是看到在电视里的自己时才意识到自己很胖。虽然这没什么大不了，我也不是很在意，但是我的确应该多锻炼锻炼让自己看上去更好些。"

"如果有很多人都注意你，你每天都要想好你今天要穿什么，展示最好的自己。我只是想看上去好看些。"这些话一点也不极端，很中肯。

现在总有人找上门来主动为她制作唱片，以前可都是苏珊主动找别人，但都遭到拒绝。但是根据"英国达人"的规定，苏珊现在不能和其他人签订合约，同时她也明白现在考虑这些还为时过早。苏珊预选时的视频片断的确造成了轰动，但是她只在电视上出现了一次，她必须再次证明上次引起的轰动并不是偶然，而是她的实力。同时她还需要有专业人士的帮助，没有哪个行业有像音乐产业这样多的鲨鱼，现在苏珊就是一项符合市场需求的产品。她现在需要身边的人来帮助她，以避免达成什么不好的协议。

现在苏珊还没有拿到一分钱，因为在"英国达人"系列节目中，没有一个选手在参赛过程中赚到钱了，苏珊发现她处在一个很尴尬的位置，在名利和金钱之中徘徊，而且很有可能成为前一种——收获名但不会赚钱。"英国达人"的评委都在保护她，虽然他们不知道她需不需

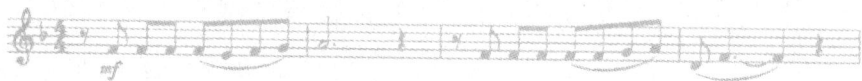

要,但目前她还没钱来打扮自己,也没钱来保障自己的安全。为此她很有压力,这又增添了她的忧虑。

苏珊的视频在网络上的点击次数已经达到了 1.3 亿, 这比美国总统奥巴马的就职演说视频的点击数至少还要多 8 000 万。苏珊说:"我真是太惊讶了,简直难以置信。大家的反应太让我惊讶了。"为此她特意去修了修眉毛来为自己庆祝——一个更整洁的苏珊就要出现了。

很多名人都纷纷发表关于苏珊的言论,似乎这个星球上最负有盛名的这些人都想参与这个改变苏珊一生的重要时刻。

雪儿·克罗说:"当我听到她唱歌时我激动得战栗不已。"

比利·赞恩说:"我从邮件中得到视频的链接,观看后很有感触。我很高兴观众能得到这样的事实,这对于我们看事物的态度很有启发,是个里程碑似的事件。"

安东尼·爱德华兹说:"我 15 岁的儿子说 '观看她的视频让我很开心'。"

西德尼·波蒂埃也说演出充满温情,也很友好。

就连托尼·布莱尔也说:"没经过专业训练的苏珊做得比很多受过专业训练的人还要好。"布莱尔以前的私人医生阿里斯泰尔·坎贝尔也发表了相似的观点,他认为从政人员可以从事实上学到一些东西:他说是苏珊的能力造就了她的成功。

另一个被苏珊的金粉撒到的人就是阿曼达·霍登。苏珊预选的视频片断在世界范围内广泛传播,里面就有阿曼达。之后,很多人采访阿

曼达,获取她对苏珊的评价,来采访的还有美国电视台。美国人好像很喜欢他们在视频中看到的这个人,为什么不呢？西蒙和皮尔斯在美国都很出名,为什么阿曼达就不能呢？

以前阿曼达就有这样的想法,她说:"我希望自己也能那样,我真的很希望能在那边发展。"阿曼达的机会现在似乎到了。美国哥伦比亚广播公司邀请她在5月30日"英国达人"节目结束后来共同主持"早间秀"节目——所有这一切都源自大家对苏珊的兴趣。这就像是童话故事的情节,不仅苏珊的生活改变了,她身边的每一个人都受益颇多。

但是阿曼达还是坚持苏珊不需要做任何改变。她面对美国观众说:"她刚上台时,每个人都嘲笑她,我们大家都嘲笑她,都以貌取人。听她演唱真是一种荣幸。她只要保持那样就好了,因为这就是我们喜欢她的理由。当她签唱片广受美国观众喜爱的时候,也许她也会化妆吧。"但事实上,苏珊已经开始化妆了。

苏珊在外表上的改变其实正是反映了她地位的改变。以前没人把她当回事儿,但是现在大家都关注她。随着她越来越受欢迎,她就越接近人们理想的魅力女性。尽管阿曼达及其他人员认为苏珊保持原样就够了,但苏珊还是想改变。

以前的苏珊总认为自己没法和其他人比,她觉得自己既不是一个性感有魅力的女人,生活也毫无个性,了无生趣。直到现在,她只是一个女儿、妹妹、阿姨及护理人,再没有其他角色。现在越来越多的人把苏珊比作是灰姑娘,从一个默默无闻的人变成一个明星,就像丑小鸭变成了天鹅。

现在苏珊的外表慢慢发生了变化。她的眉毛变细了,头发修剪好了,从灰色染成了深褐色。她的衣着也发生了改变,在有些照片上,她套着一件浅褐色的夹克衫,穿着漂亮的裤子,跟她一周前的穿着有着天壤之别。

越来越多的信息表明,她的歌声一直为家人和朋友连连称道。

《镜报》发现了一张以前录制的家庭录像,当时苏珊25岁,她唱了歌剧《巨星耶稣》中的歌曲《我不知道该如何爱他》。她的哥哥格里说:"那是个令人激动的晚上,苏珊唱歌的时候大家都安静下来。每次她唱歌都是这样,她总是有这样的魅力。在她去参加'英国达人'的前一个星期,她在我岳母的葬礼上唱了《圣母颂》,教堂里的人都很吃惊。"

很多有关苏珊的故事都慢慢被挖掘出来,结果发现波伊尔家和高阶层人物大卫·弗罗斯特爵士也有来往,这是人们没有料想到的。早在20年前,格里和苏珊的另一个哥哥约翰就见过大卫爵士,他们当时想基于大卫爵士的电视节目"穿过钥匙孔"来创建一家房地产公司。

"我们现在还是朋友,他定期会和我们联系一次。"约翰这样说道,他也住在布莱克本。"当知道苏珊现在的事情后,他肯定还会和我们联系。他就是这样的人。"事实上,两年前他们的母亲布里奇特去世后,大卫是最先打来电话慰问的人之一。

苏珊的打扮还在不断地变化,苏珊每更换一种口红都会被媒体拿来评头论足一番,她要是出门的时候穿上了高跟鞋,披上一条时尚的帕什米纳围巾就更不用说了。

从很多方面来看,苏珊现在所做的事情是很多女人十几岁做的事

情，比如说学习怎样化妆，弄清楚什么东西适合自己、什么东西不适合，尝试不同的新发型，并享受其中的乐趣。她难道不能这样做吗？以前她的生活过得很难，就像作家乔治·艾略特曾说过的："追求自己的梦想，永远都不会太晚。"

直到前不久才有专业人士现身为苏珊出谋划策。著名发型师尼克·克拉克对苏珊所作的评价虽然很苛刻，但是他也看到了她的潜力。他说："现在她看上去就像裹着块布的男人，但是她很有挖掘的潜力。我为她做完发型过后，她会看上去很漂亮。我会把她的头发颜色染淡一点，这样就能突出她的脸。她看上去会非常棒。"丑小鸭就要变成天鹅了。

虽然新一季选秀节目刚刚进行两周，可是大家认为苏珊很有可能会赢，但也有一些人认为考威尔和公司还会玩些花招。最近出炉的就是这个才 10 岁的侯莉·斯蒂尔，她嗓子也很好，背后也有一段感人的故事，在她 4 岁的时候，她得了肺炎，当时在曼彻斯特皇家儿童医院医治，差点切掉一个肺。

"她在医院住了 3 个月，好几次挣扎在生死边缘。她当时瘦得皮包骨，医生都担心她可能治不好。"侯莉的妈妈妮娜说，"在病情稳定之后，他们说可能要切掉一个肺。我难受极了，有时候想她可能会挺不住，或者即使挺过去了，她也不能过正常的生活。但你看，现在她唱得多好——她能唱歌真是个奇迹。"

"他们说要切除一个肺，如果把肺切除了，那这边胸腔内就没有东西来支撑，在她成长的过程中，她心脏周围的脊椎和肌肉就会扭曲。"妮

娜接着说，"她做了两个大手术来避免切除肺，谢天谢地，她身体开始出现抗生素。当她第一次唱歌的时候，她就唱得很好。我请一位专业声乐老师来判断她这样唱歌会不会很危险，幸运的是，他们都说她没事。我喜欢听他们唱歌(指侯莉和她的弟弟乔舒亚)，他们让我感到自豪。"

这就是苏珊的竞争对手，他们比的不光是音乐天赋，还要比谁的故事更感人。不管这个小孩是多么勇敢地和疾病做斗争，都不能和苏珊相比。苏珊的故事很激励人，也很感人：对于那些迷失在生活中的人，对于那些希望有一天能改变命运的人，她的故事给他们带来希望。因为苏珊就是梦想成真活生生的例子。

虽然这样，但是有很多不同的声音开始冒出来。苏珊的家人虽然对于她取得这样的成功感到高兴，但还是很担心她，怕她承受不了她现在所承受的压力，甚至还有人建议让苏珊去美国待一段时间避避风头，苏珊的哥哥格里更是在接受《苏格兰星期日镜报》采访时声称，苏珊是个"大"明星，"英国达人"应该给予帮助。他说，"如果苏珊不到别的地方避避风头的话，大街上会发生暴动的。人们想听她唱的歌，可是市场却买不到。'英国达人'应该介入进来，把这事情解决好，他们越是沉默，人们就越疯狂，我们都卷进来了，这实在是做得有点过分了"。

另外苏珊的精神状态也不太好。"我上次跟苏珊说话的时候，她好像很累。"格里接着说，"我问'你现在还好吗？'她回答说'唉，格里，我一会儿在这里一会儿去那里，总是在跑来跑去'。她在伦敦到处奔波，和索尼公司的人会面。我觉得她要累坏了。我对她说'别管那些个电话，

去好好睡一觉吧,你需要休息'。苏珊现在很累,她不想要什么豪华汽车或宾利,她只想唱歌,但现在她连唱歌都不能好好唱。如果压力能小点的话,事情会好很多,所以要是有个管理团队来帮帮她就好了。"

尽管这样,但格里却忽略了一个事实:苏珊的沉默会唤起人们更强烈的好奇心。现在谁也不知道这起轰动是转瞬即逝还是苏珊能挺过去,并获得成功,虽然苏珊现在承受着巨大的压力,但这同时也是她改变自己命运的转机:成功了,她就能一步登天,失败了,所有一切都化为乌有——这就是演艺圈。不管怎么说,如果她想从事自己喜欢的职业,她就要接受这所带来的负面影响。

很多媒体极其关注苏珊,格里对此也很担心。他说:"我现在都远远避开那所我们曾经住过的房子,因为有很多人聚集在那里。每次苏珊打开门的时候,就看到了电影《诺丁山》里出现的场面。我知道苏珊想在那所房子里生活到老,所以必须有人出面为她做些事情,难道就没有什么管理协议吗?我想考威尔应该考虑考虑,苏珊是选秀节目的大明星了。我理解考威尔想要做好节目,但是鱼和熊掌不可兼得。大家都好奇苏珊为什么不去美国、为什么商店里没有苏珊的 CD 卖,考威尔他们只想把苏珊当做'英国达人'的一个参赛者,但是只把苏珊局限为一个参赛者不现实的,根本行不通。"

如果格里这样说是为了激怒考威尔的话,那这是他最好的办法了,不过他说的话可不只是这些。"我们家出了一位明星,大家都希望她能发行一张唱片。"格里继续说道,"从做生意的角度来说,他们根本

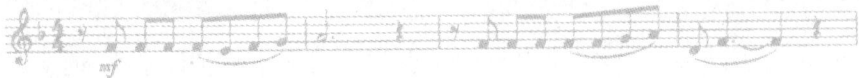

没有充分利用苏珊取得的成功。每个艺人都想去美国发展,苏珊用8天就做到了。我们是不是应该接受这些邀请,还是为了做这个选秀节目继续忽略这个事实——人们都希望能买到苏珊的唱片?他们不能就因为苏珊是个参赛者就这样坐视不管、忽略这种现象。"其实他们十分在意苏珊的事,因此格里说这些根本不会对他们造成影响。

苏珊现在受到了媒体的疯狂关注,这是没错,这也是少有人遇到的,对于处理这样的事情,她是既没经验也不够聪明世故。在她家门外,总有一堆的记者和摄影师,她的每一个动作,都被人监视着,并放在放大镜下来分析和审查。但我们不能否认,因为苏珊在"英国达人"上露过那一次面,只要她和西蒙·考威尔同进出,她就很有可能长期在演艺界发展,考威尔可是对这个圈子了如指掌。苏珊也明白这点,所以她紧紧抓住这个机会。人们对苏珊的期望日益高涨,整个世界都在追逐她的梦想。

考威尔很不赞同格里的评论,这也有道理。有未经证实的报道说"英国达人"制作团队为苏珊的打扮犯愁,认为她的魅力来自于她的外貌和声音一点也不匹配,所以不能像格里建议的那样,不用管这选秀节目直接做出回应就好了。

"整理好自己的心情,亲爱的,为半决赛好好做准备。"考威尔建议说,"关上门,选首好歌,做回你自己,而不是你想成为的人。"

这说得很直白,也可以说是给苏珊的最好的建议。苏珊做得到吗?她能不能证明这场演出对她来说不仅仅是一场普通的演出,而是一场极其出色的演出?

EXTRA!!! The Times EXTRA!!!

激烈的竞争

　　西蒙·考威尔又碰到新麻烦了，这一次制造麻烦
的不是格里·波伊尔，虽然格里还是继续对外声称他
妹妹应该受到跟现在不同的待遇,这一次的麻烦来自
侯莉·斯蒂尔,这个被称为苏珊的主要竞争对
手的孩子，因为西蒙曾公开嘲笑她穿的短裙
和她选的号码——这种话从西蒙口里说出来
实在是见怪不怪——但是

侯莉并不明白这点。

侯莉说:"西蒙实在太欺负人了,对我这样过分。可能他觉得这样很好玩,但是一个人那样站在舞台上,当他那样说我的裙子的时候,我觉得我都要哭出来了,眼泪在眼睛里打转,我不想让他看到我哭,虽然在学校被欺负时我会哭。我努力想些高兴的事情,想自己参加'英国达人'的决赛,想自己赢了比赛。"侯莉是十分希望自己能成功,她说:"我喜欢苏珊,但是我觉得我能赢,她是个好歌手,可是我可以做得更好。"之后有很多媒体报道了侯莉在学校受到怎样的欺负,而她的父母又是如何省吃俭用把她送到更好的学校去念书的。

西蒙很聪明,不去和这个十岁的孩子发生争执,但是这种玩笑(如果大家都同意把这看做是一种玩笑的话)、批评以及"英国达人"参赛者所经历的种种困扰正是节目的魅力所在。很多观看这个节目的人并不仅仅是来欣赏参赛者在电视上的表演,也是观看他们在其中的处境和应对方式,他们面对的问题越多,人们就越对他产生同情心,英国人最喜欢看人受磨难了,每出现一则催人泪下的故事,人们就同情心泛滥,接着观看数据就上去了。深谙此道的考威尔当然明白这点,他也明白被参赛者公开批评也能提高知名度。大家都高高兴兴得到自己想要的东西了。

考威尔也明白他对参赛者的评价会成为媒体的报道材料,可怜的苏珊不是也被他奚落嘲笑了一番吗?但现在连美国总统奥巴马都邀请苏珊来白宫演唱,辛普森一家也希望她来演唱,让西蒙不得不跳出来

大喊他"受够了"苏珊得到的这些邀请。

"她现在还没赢,"他说,"她只有四个星期的时间来为她一生中最重要的时刻做准备,她必须唱得比以前任何时候都还要好。可是现在一切都乱套了,总是有事情让她分心。"不过西蒙还是很有风度的,他提到评委第一次见到苏珊时的表现,觉得很过意不去,"我们三个评委在她唱歌之前就武断地对她做出判断,这让我们很有负罪感,我们都错了,当回头再想想当时的情形时,真是不好意思。"

还有一个错估苏珊的人就是迈克尔·巴里莫尔。当苏珊引起的轰动越来越大时,有一段巴里莫尔1995年录制的节目"我这种人"的视频片断被公布出来。苏珊也在其中,并在这个了不起的人物面前演唱了一曲,但是他根本没意识到站在他面前这个人的潜力,只是跟她开了些玩笑——包括拿她的裙子开玩笑——亲了亲她的脸颊就把她打发走了。当时的场景并没有专业人员拍摄,但是因为伊丽莎白·麦克莱恩也去参加预选了,她的女儿茱莉·福波斯把当时的情况拍下来了。

"苏珊上场比我稍微早一些,"伊丽莎白在《镜报》采访中说,"当她开口唱歌的时候,我就知道她嗓子很好,但迈克尔·巴里莫尔只是拿她来开玩笑。这是我和苏珊第二次参加'我这种人'的海选。当我看到苏珊上了'英国达人'时,我坚持不敢相信这和我之前见到的苏珊是同一个人……我惊讶得不由自主地用手捂住了嘴。"

巴里莫尔的损失就是现在西蒙·考威尔的收获,苏珊对此并不是很关心,她的兄长和考威尔一场论战过后,她又躲起来了。格里刚说完

他想要说的,现在轮到她另一个哥哥约翰了,他的观点和格里的观点差不多。

"就让她好好唱歌吧,"他说,"我们恳请西蒙·考威尔通融一下,宣传和名誉对苏珊来说算不了什么,她只想好好唱歌,放声歌唱才是她最想做的事情。她现在好不容易有机会向人们展示她惊人的天赋,却不能唱了。世界各地的人们都希望再次听到她唱歌,他们想要一件他们可以买得到的商品,不管是专辑还是单曲,他们现在都想要。我们越来越担心她的身体状况,她还不能适应现在的生活,当我和她交谈时她看上去很累。在海选之前,苏珊签了一份合约,比赛期间不能和'英国达人'之外的任何公司签约,之前谁也预想不到事情会发展成这样。以前的常规现在不再适合了,我觉得西蒙·考威尔也明白这一点,现在的局面很特殊,需要特别地对待。"

苏珊的两个哥哥都很关心她的健康,而未能向世人展示她的才能也肯定让她感到沮丧,但是她的家人和顾问之间发生争吵对她一点好处也没有。

皮尔斯·摩根也介入进来,不过收效甚微。因为担心苏珊会骄傲自满,在参加加利福尼亚的新闻发布会时他只是轻描淡写地提及苏珊的唱歌天赋。很少有人意识到,苏珊发现应对要面对的一切越来越难,哪有心情去骄傲自满。也许苏珊的哥哥会和考威尔、摩根争吵,苏珊可不会,她只希望双方都能给她提供保护而不是相互争吵,双方的争执没帮上她什么忙,难怪她越来越紧张。

安特和迪克虽然对苏珊外表上的改变持怀疑态度,但还是很支持她。"对于她外貌上的改变,我不知道好不好,但是她想要让自己看上去更漂亮、让自己感觉更好,这都是她的自由,"迪克说,"但她不需要特意去做什么改变,因为大家都是因为她本来的样子才喜欢她的。我真想快点见到她,我想知道她现在的感觉,想知道她又会有怎样的表现。我们只听过一次她唱歌,我想再听听。"

"我们都知道还有一些参赛者表现得很好,"安特接着说,"苏珊是大家最喜欢的,但是几个星期下来,你也知道还有其他一些有才能的人出现。这并不是一场实力悬殊毫无悬念的比赛。"

但是其他参赛者缺少苏珊拥有的国际亲和力。在皮尔斯和西蒙常活动的美国,人们越来越追捧苏珊。西蒙众多项目的另一项——"美国偶像"——的主持人雷恩·西克雷斯特说在 Twitter 网站上有歌迷问他苏珊什么时候能来参加这档节目,他把这称为"绝妙的主意"。但是苏珊来的可能性很小,因为西蒙希望苏珊能把精力主要放在"英国达人"的比赛上,但这也暗示了美国人对苏珊很有兴趣——这种兴趣会越来越浓烈。

这些关注引出一阵报道热,人们纷纷猜测苏珊有可能会放弃"英国达人",但实际上根本就没有这样的事情。"英国达人"给了苏珊一个绝好的机会,即使要她再等几个星期才能唱歌,她也不会放弃这个机会。也许人们会怀疑苏珊现在的精神状态,但她现在还很清楚地知道她要是离开这个舞台肯定就是个傻子。这不是她第一次有机会在电视

上露面,她明白现在这个机会是多么珍贵,当然不能就这样放弃。

没过多久,另一个性质完全不同的问题又出现了,那就是有一些参赛者认为他们肯定只是苏珊的陪衬品。萨克斯演奏者朱利安·斯密斯甚至说:"我觉得我竞争不过苏珊,我认为没人能跟她竞争,她让整个世界为她着迷。"还有些人和他有相似的想法。的确其他参赛者都没有像苏珊这样引起公众如此狂热的关注,但这并不意味着她一定能赢得比赛。

这一次大家又纷纷参与进来,表达自己的观点和看法。皮尔斯在他的博客中写道:"我觉得侯莉可能胜过苏珊,上周露面的沙欣也可能胜出,另外那些还没露过面的选手也可能比苏珊要好。"他这样写的目的很明显,那就是告诉大家每个人都有可能,苏珊并不是稳操胜券。连苏珊的忠实支持者黛米·摩尔也表示担心,她说:"拿侯莉来说吧。哇,她很有天赋。苏珊要面对很多的竞争对手。"也有一些积极的消息,据报道说凯瑟琳·泽塔琼斯表示她很想制作一部反映苏珊生活历程的电影,好莱坞显然对大洋对面发生的事情十分关注。

当人们的热情稍微平息一点时,对苏珊的期望更高了,人们开始出现分歧。苏珊漫不经心的言论导致了另一场风暴,因为她暗示她上场时的打扮不是人们认为的那种造就她的契机,而只是节目的需要。在接受美国某电视频道采访时,有人问苏珊:"是节目找到你这个人,还是你找上门的?"苏珊回答说:"是节目找到了我。"这个回答在互联网上掀起轩然大波,很多人认为"英国达人"节目制作人在选中这位苏格

兰女人的时候就知道现在会发生的一切。不管怎么说,她也曾经参加过巴里莫尔的海选!节目制作人对这种言论进行了激烈反击,其中一名制作人员说:"我们怎么能找到苏珊?她在人群中并不出众。一直在家照顾卧床的母亲,过着平凡的生活。制作人员根本不可能特意去请她参加节目。"

其实,苏珊想要表达的是她一直想找到个地方来展示她的才能,在上一年她在"英国达人"上看到了保罗·帕兹的演唱后认为这就是能展示她才能的地方。到目前为止,还没有人指出她是事先安排好来参加节目的,但这件事的确又为这档节目增加了新的谣言和话柄。很多人都很关心这个问题,毕竟这档节目是这十来年人们谈论最多的节目之一。

但是苏珊到现在才被人们发觉,这的确是很奇怪的事情,因为早在 1984 年她就出了一盒录像带,苏珊的表现和现在人们看到的一样出色。当时马瑟韦尔足球俱乐部在枞树公园球场社交俱乐部举行了一场比赛,参赛双方分别代表马瑟韦尔足球俱乐部和考文垂的汤姆·奥桑特足球俱乐部,因为有人临时退出,苏珊就顶上去了。她演唱了《我不知道该如何爱他》和电影《往日情怀》的主题曲《回忆》,她的歌声和现在一样清晰有力,让人震撼,让人惊讶的是她的长相。

让人感到意外的是,在这盘很久以前的录像中苏珊是个很漂亮的年轻女士,这样来形容她并不是对这个现在其貌不扬备受议论的中年女性的奉承,这是事实,当时的她很苗条,面部轮廓清晰,皮肤又白又

嫩,一头深色的卷发,唱歌时充满自信和优雅,任何看过录像的人都会为她倾倒。

她现在的样子留下了岁月划下的痕迹。她一直都在奉献,过着无私忘我的生活,把绝大多数的成年时光都奉献给了慈善事业和照顾年迈的母亲。看到录像中那个年轻的苏珊,解开了人们很多的疑惑,但是让人不解的是为什么苏珊年轻的时候没有很多仰慕者,不过当她唱完离开时,有人亲了她一下。如果那时她看上去和她走上"英国达人"舞台时一样,估计就不会受到这样的褒扬。

格里·麦吉尼斯是一所学校的守门人,是他录制了这段录像,在25年后的今天将此公布于世。格里接受了《每日记事》采访,并将录像片断发到《每日记事》的网站上。"我记得她是个很害羞的姑娘,但很漂亮。当她来俱乐部的时候,总会有人转头打量她。"格里回忆道,"没人想到她很会唱歌,当时汤姆·奥桑特俱乐部有人退出比赛,她就答应替补进去。虽然如此,但我觉得当时大家都没对她寄予太大的希望,因为她很害羞,很腼腆。但是,当她开始唱歌时,大家都被她吸引。当我观看'英国达人'时,我都没认出就是我录像上的那个姑娘,直到后来有个亲戚打来电话问我有没有保留那盒录像带。"

答案是他还保留着那盒录像带。"当我意识到她是谁时,我就打电话给我在威肖的儿子杰米说我要公开这盒录像带。"格里接着说,"苏珊最后终于得到了认可,这真是太棒了。她是个很好的歌手,本来就应该得到这些名声。"

杰米也很吃惊。"真是太让人惊讶了,在此之前竟然没有人发觉她的才能。"他说,"当你看这盒录像带时,你就明白她是个做明星的料。"

这盒录像带从某方面说是 25 年后的苏珊惊人表现的前奏。小时候见到她的人都说她很腼腆害羞,这显然是她必须要克服的障碍。但是看着这么多年前她在台上的表现,人们很难看出她是个腼腆的人,在她唱歌的时候她看上去很庄重,但是能把身心都投入到她所演绎的歌曲当中,让自己沉浸于其中。在她出名之后她自己也坦称她能用歌声和人们交流那些她用语言表达不出的思想。在唱《我曾有梦》时,她把自己带到《回忆》之中,唱出自己独特的感觉,这也是她能脱颖而出的原因之一。这首歌讲的是一位女士回忆起自己曾经的爱情故事,也许很多人都知道苏珊从没有恋爱过,可是在她唱这首歌时,她表露出真实的感受和哀伤,她那天晚上肯定想起那曾经让她心潮澎湃但却转瞬即逝的爱恋。

如果说她的腼腆有什么影响的话,那就是它愈加反衬出苏珊现在的成就。如果她以前是,而现在还是个腼腆的人,那她一定隐藏得很好,因为很多人现在都在密切关注、监视着她的一举一动,而她在面对摄影师、记者、路人和祝福她的人时还能如此欢快地向他们挥手。或许在 25 年前,苏珊就希望有人能看到她参加马瑟韦尔足球俱乐部在枞树公园球场社交俱乐部演唱时的表现,把她培养成一位歌星。从那过后,她真的是等了很长的时间才得到人们的认可,等待还没有结束,因为在参加完第一次海选过后她还不允许在公开场合唱歌。很多身边的人

都担心如果她不把握住这个机会,就会和这个良机擦肩而过。

但是苏珊比身边这些人更有耐心,更理性,她在等待机会的来临,最后考威尔在接受《每日记事》采访时承认苏珊引起的苏珊大妈热的确不同寻常。他说:"现在还早,但是苏珊可能会成为我所发觉的最红的大明星。她是今年的黑马,可能她自己都没意识到这对她会带来怎样的变化。我认为世界各大唱片公司都会愿意和苏珊签约,她现在很抢手。"她只需要耐心地等待。

考威尔很早就在音乐界发展,但是苏珊引起的轰动还是让他感到吃惊。"我这辈子从没见过这样的事情,"他说,"苏珊是今年娱乐界发生的最大的事情,接连几周都占据新闻报道的核心位置,而且一直以来都备受关注,是我参与众多选秀节目以来遇到的最大的轰动。我从没见过哪件事像她的故事一样传播得那么快,特别是在互联网上发生的事情。苏珊让全世界的人都拜倒在她脚下,但是别太惊慌。我看到有报道说她的家人想借此赚钱,我觉得现在还不是时候,人们对她的热情不会转瞬即逝,在接下来的一两年里她依然会有很多的支持者。保罗·帕兹就是个类似的例子,有人当时问他会不会借这个出名的机会来赚钱,他说:"不会,这只是过程的一部分。"他继续参加比赛,评委的评判很公正,最后他赢得了比赛,唱片销售500万张。

这是从这个过来人那儿得到的最好的建议,他曾经经历过现在所经历的,并取得了成功。西蒙他会为长远的未来做打算,远得可能苏珊连想都想不到。

"苏珊在这次选秀节目中代表的是苏格兰,"西蒙说,"退出就像是苏格兰在世界杯决赛前声明说'你知道吗?我想我们不能参加决赛'。百老汇和好莱坞都有可能是苏珊以后的发展方向,但是现在她必须做好现在应该做的事。如果苏珊做到了那些我认为她本来就能做到的事情,那就是给'英国达人'选秀比赛画上了圆满的句号,她不会错失任何良机。"

西蒙·考威尔是个不太向人道歉的人,但是现在他道歉了:"如果给我 5 分钟的时间让我和她说说话,我会说'苏珊,你向我们证明了一个道理,5 秒钟内你就让我们对你的看法彻底改观,因为曾怀疑过你的能力,我向你道歉'。"他接着说道,"'我们现在都支持你,希望你能有好的表现,我们都会默默地支持你。'当苏珊刚走上台时,我想观众都是想看她笑话,她看上去很紧张,走路的姿势也很可笑,而且连我的问题也不能流利地回答,所以大家都觉得没 5 秒钟她就会灰溜溜地走人。我们大家都认为她这预选过程估计 5 秒钟就够了。然后她开始唱了,我想我们这辈子从没有这么快地被震慑住了,她对观众的影响力让人震惊,一分钟前大家还想看她笑话,一分钟后就全被她征服。现在她是世界上最有名的人物之一,如果没出现意外的话,她得到了大家的认可,不管是由于什么原因,我想在此之前她还没得到认可。"

考威尔说的一点没错,苏珊的歌声就是她的制胜法宝,让她拥有了走向那个与现在完全不同的世界的机会。录像上那个年轻的苏珊,充满了期待,过的是种不同的生活,但是她的才能没有丝毫递减,现在

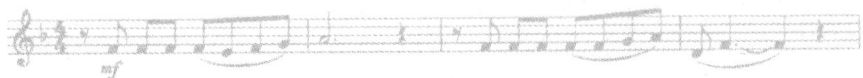

终于让她获得了人们的认可。不管以后等待她的是怎样的生活,在那一天,她是那场让人惊叹的海选中的主角,赢得了人们的尊重。

与此同时,"英国达人"选秀节目还在继续。没人会否认,考威尔是宣传的好手,当一个有希望获胜的选手没有什么背景故事时,他也能通过激起人们的怨恨自己造个出来。

最近选出的那个能挺进半决赛的参赛选手是苏·桑。苏是来自伦敦的小提琴选手,她的参赛过程和最初设想的有出入。她本来是以一个名叫"入迷"的经典乐组合中的一个成员,另一个成员是她的朋友珍妮·哈利勒。但是西蒙建议苏和珍妮分开,独自进行比赛。当然,苏听了她的建议,很自然,这招来了嫉妒和对她背叛的控诉,这些都是出现在电视上的抗议声。刚开始时,珍妮说她也会参加比赛,但是后来她改变了主意。

"我认为这样没什么大不了的,"苏天真地说,"后来她说她很难受,不希望我参加这个节目。我觉得她是我真正的朋友,会支持我,可是她根本不接我的电话,在 Facebook 上也不理我,她甚至在凌晨 3 点钟打电话给我在韩国的妈妈,告诉她我背叛了她。真不敢相信她会这样做,凌晨 3 点钟打电话给我妈妈说我是怎样背叛她的。真是太糟了。"但是这是很好的电视节目。

现在有人说苏珊可以去给化妆品公司做广告, 她看上去变化真大,或者可以上"我是名人,快救我出去",这也是由安特和迪克主持的。说实话,似乎还没有人注意到对于像苏珊这样的人来说,再没有比这

更适合的节目了。

另一个进入半决赛的选手是杰米·皮尤。他背后藏有一段悲伤的故事:他的妻子 10 年前因为癌症去世了。但是让人佩服的是他根本没有提起这件事,只是说他十分紧张。

有个人十分关注节目的进展,他也是少数几个能理解苏珊感受的人之一,他就是保罗·帕兹,但是即使是他,最初的时候也没有像苏珊现在这样被人们如此密切地关注。帕兹是"英国达人"第一季的冠军得主,他看上去也不像个艺人,外表不符合人们的期望,但也许因为他是男人,所以外表不是那么重要,因此媒体没有对此大做文章。苏珊现在被牢牢贴上了"老处女"的标签,帕兹没有与此类似的标签。但是他却从默默无闻中一举成名,成为媒体聚光灯的焦点,更重要的是,他借此打造了一份属于自己的职业。

帕兹很快就表示他很支持苏珊,"她太棒了,我觉得她很可能会赢。"他说,"但是还有一些选手也有赢的几率,我觉得今年和我那时不太一样。她第一周就上台了,因此会承受更大的压力,希望她处理得很好。我认为她已经做得很好了,面对媒体也应对得不错。我不知道如果我看到有摄影师蹲在我家门外我会怎样处理。"帕兹还认为以后他可能能和苏珊一起共事,"我希望我们以后能来个二重唱,"他接着说,"但现在说起来还太早,我不想再增加她的压力。以后会跟现在不一样的,希望她能过好现在的每一天,尽量不去想她的下一次比赛,不要有太大的压力,因为那是以后的事。"

但是实际上,苏珊大多数都在想着她的下一场比赛。安德鲁·劳埃德·韦伯有一天看见她拿着一张写满歌曲名的清单,让大家都猜测她接下来会唱什么。这场比赛十分关键,将证明她是不是只会一招的小马驹。在这个时候,在"英国达人"的舞台上出现了很多年纪很小的参赛者,五月中旬的一个晚上,有不少于5场演出的参赛选手是青少年。他们有活泼可爱的优势,阿曼达很多时候都站起来鼓掌,但是没有出现像苏珊当时那样难忘的场面。

半决赛的时间越来越近了,这让苏珊承受的压力更大了。虽然苏珊可能会紧张,但是苏珊的一举一动都表明她应对得还不错。

脱口秀之女王——奥普拉·温弗瑞——也前来采访苏珊更说明了苏珊现在真是个大名人。在布莱克本,苏珊的邻居们已经对各电台的工作人员驻扎在苏珊房外的草坪上习以为常,但是这次可真是很有名的节目组到来啊。奥普拉脱口秀节目组成员如期前来采访苏珊,刚开始时,苏珊带着大家参观了一下她的房子——对于一个世界级的名人来说,这实在是朴素的事情。

但是这真是聪明的一举。苏珊是一夜成名的,跟公众没有什么接触,在接受采访时她也不能唱歌,只能对外面众说纷纭的说法做出些自己的评价。

她接受媒体采访必须得到"英国达人"节目组的批准,为了避免别人说苏珊获得了特殊对待,节目主办方同意奥普拉脱口秀节目前来采访,但不允许苏珊去美国接受采访。这一次的采访使得很多指责节目

主办方忽略苏珊的批评声减弱了——一个受到全世界认可的歌声竟然不能唱歌。

奥普拉问的第一个问题就是有关外表打扮的问题,这个问题也是被很多媒体批评指责,似乎一个女人不应该展示自己最有魅力的一面似的。鉴于苏珊在海选时被人们嘲笑,如果她还不想办法让自己看上去更好些的话那她就不正常了。"我只是像其他女人一样,让自己看上去更舒服,"苏珊这样解释说,"这样看你是怎样定义打扮的含义了。我的意思是说,其实我最好的朋友会来帮我化化妆,这很难算是特别的打扮。"

苏珊说话很友好,也很谦虚。她说她不一定能赢得这场比赛,她也不孤单,因为她有成千上万的新朋友。至于她获得的这些名声,她说:"我觉得刚开始时要让自己去适应这些改变很难,但是我还是很喜欢、很享受这个过程中的一分一秒,是美梦成真的感觉。"由于苏珊有苏格兰口音,为了便于美国观众理解她说的话,播出时加上了字幕。虽然苏珊没有去美国,但是现在在大洋彼岸她就已经有了很多粉丝。

回到英国本土,苏珊已经为她的下一次登场做好了准备。这个痛苦的等待过程马上就要结束了,"英国达人"的半决赛马上就要到来。她的第一次和第二次出场有很大的不同,第一次的时候她是为了争取机会而来,而第二次她可能会丧失刚刚获得的一切。她会不会有更精湛的表现呢?她能不能带来另一场让人热血沸腾的演出呢?

一个人的舞台

苏珊和全世界的人都期待的时刻马上就要到来了,在"英国达人"新一季开始的第一周,苏珊就拿到了参加半决赛的通行证,而现在半决赛就要开始了。气氛越来越紧张,人们对苏珊有很高的期待。

皮尔斯·摩根又忍不住要娱乐一番了。

"苏珊参加海选时说她还从

来没接过吻,也没交过男朋友,我也说过我愿意帮忙让她拥有初吻,"他说,"我现在仍然愿意帮忙。从海选过后我就没见过她了, 所以如果我们见面时苏珊向我索吻,我会兑现承诺的……会上电视的。"

当然会上电视的,要不然还上哪儿啊?在这件事上,苏珊很聪明,拒绝了他的好意。当然皮尔斯也说了些正经事,"苏珊这样出名也是一把双刃剑," 他接着说,"如果歌迷认为她赢得这场比赛就会离开他们,那他们就不会投她的票,其次,和其他人相比,苏珊承受的压力更大。有 2 亿观众观看过她演唱《我曾有梦》。要怎样才能超越这个数据呢?"

怎样呢?答案是做不到,但是这并不是很重要,重要的是苏珊要带来一流水平的演出,而更让人紧张的是,这一次大家都是观看直播。

苏珊是第一个道破这种紧张感的人,"在参加这次节目之前,观众最多时是 500 人,那时候我为西洛锡安的志愿艺术委员会演唱。"她对《每日星报》的记者这样说道,"我从没想过评委会让我通过,真是不敢相信我现在进入了半决赛,观众观看我演出后的反应让我应付不过来。我会很紧张,但是我会走上台,尽量做到最好。"

这次演出的有关信息, 包括苏珊会穿怎样的衣服会唱哪首歌,到现在还是个秘密。大家只知道这是个关乎成败的演出,而苏珊是这场比赛过程中人们最期待的选手。

"上帝赋予苏珊绝妙的原始天赋和丝毫不逊于他人的对待音乐的热情。"伊维·伯纳特说。她是"英国达人"节目组的声乐教练,以前和很多大明星合作过。"我跟很多有天赋的艺术家有过合作,说到苏珊的唱

歌风格,她是我有幸指导过的所有歌手中最棒的。在观看半决赛时,她会让整个国家的人热泪盈眶,我就会是其中之一。"

希望是这样,但事情都是发展变化的。评委们都说苏珊并不是一定能顺利进入决赛的,有时候面对人们所提的这些大惊小怪的问题,他们看上去会很不耐烦。毕竟还有很多其他的选手,他们其中有一些表现得很好,因此也很有可能苏珊被捧上了天然后会重重地摔下来,不过目前还没有这样的迹象。

伊维一项一项地数着苏珊具有的特点,正是因为这些特点,她才那么受欢迎。"苏珊给人很真实的感觉,充满魅力,让人情不自禁地喜欢上她"。她这样说道,"她来自苏格兰一个小乡村,有着美妙的嗓音。我第一次看到这个节目时正在美国,我看到新闻和'英国偶像'的主持人都在谈论某个人,当他们播放她唱的《我曾有梦》时,我惊呆了。不管她最后是输还是赢,我认为她都不会坐着豪华轿车四处闲逛,生活方式和大多数明星也会不一样。当和人提起《辛普森一家》时,她会大笑。我觉得她的那种幽默感能帮她顺利度过现在这个众说纷纭的时期。"

因为各种不同的报道越来越多,她真的需要做些什么,最后苏珊终于要在 5 月 24 日登台表演,参加半决赛的共有 40 名选手(或组合),但那天作为半决赛的第一天,只有 8 名选手(或组合)登台竞争。有很多媒体报道说她很紧张,但是她那天晚上的表现是个巨大的成功。

当节目开始时,屏幕上播放了很多苏珊那次成功的海选演出过程中的精彩镜头,同时还夹杂着很多媒体对苏珊的采访以及娱乐界

一些知名艺人接受采访时说的话。有人拍到苏珊在苏格兰乡村路上走路,她人看上去迷迷糊糊的,苏珊有时候说到她自己时讲的话令人听了有心碎的感觉。

"一直以来,我都试着想要证明我能得到人们的认可,我并不是人们认为的那种一无是处的人,我可以有所作为。"她这样说道,现在事实的确证明了这些。这对她意味着什么?她是多么希望得到这个机会?为什么呢?这一切都很一目了然了。很多人认为她作不出什么贡献,但是她作了,这并不仅仅和她那副好嗓子有关,她很善良,很谦逊,一辈子都在服务他人,她付出了很多。

阿曼达又出来说话了,她说:"这个来自苏格兰小乡村的小女人让整个世界都在关注她。"作为证明,屏幕上播放了很多赞美苏珊的视频片断。考威尔说:"我觉得苏珊还没意识到她带来的影响。"

有关苏珊在互联网上引起的轰动,苏珊和其他人一样对此惊讶不已。她对这方面是一窍不通,更不明白这跟她引起的全球性轰动有什么关系。

"我第一次知道有 YouTube(网站名,Tube 有'条、块、管'的意思),"苏珊说,"以前我只知道有聪明豆巧克力条。"像她这样在别人庇护下成长的人,不知道 YouTube 这个视频网站有什么奇怪?

但是苏珊的顾问却很清楚现在的状况。"整个世界的人都将观看苏珊·波伊尔今天晚上的演出," 西蒙说,"我现在可不想和她站在一起。"

屏幕上又重新出现苏珊的视频。"'英国达人'是我改变命运、实现梦想的机会,"她说,"我希望我能有机会为女王献唱。"

最后她上台的时间到了,屏幕上依次闪现台下的观众、三位评委、空旷的舞台和这两位热情洋溢的主持人——安特和迪克,他俩是一如既往地乐在其中。

"她来了!"迪克大声说,"有请……苏珊·波伊尔!"

舞台后面的镜像门缓缓打开,苏珊走上台来,和6个星期前相比简直是改头换面,都叫人认不出来了。现在大家看到的这个苏珊就是那个25年前唱《往日情怀》的苏珊,只不过现在已经是中年人了。她的头发现在卷曲得很好看,穿着一件特别为她制作的古铜色长裙,也化妆了,上次她来参赛的时候可是一点妆也没化。这个苏珊·波伊尔是举世闻名的歌手,她现在只需要献上一台杰出的演出。

苏珊走到台前的时候看上去很平静,朝着台下欢呼的人群微笑。当音乐响起的时候,才知道她将要唱的是安德鲁·劳埃德·韦伯作曲编制的极感人曲目《回忆》,该曲也献给苏珊的宠物猫"小石头",因为这首曲子来自舞台音乐剧《猫》。

当苏珊开始唱的时候,似乎要演绎一出悲剧了,因为唱第一个词时没合上节拍,但是她马上就纠正过来了,她的歌声越唱越高,越唱越有力,甚至能盖过台下观众的欢呼。不管是在唱歌的时候,还是中间停顿的时候,她都微笑着注视着台下的观众,直到接着唱下面的高潮部分"轻抚我……"这时候,观众们开始大声嘶喊,西蒙、阿曼达和皮尔斯

都站起来鼓掌。苏珊成功了。

这一次观众不再像上次发现这个其貌不扬的女人竟然有一副好嗓子一样惊讶,但是却证明了她的才能和实力,证明她的上一次成功的演出并不是偶然。如果处理得当的话,她的才能能保证她以后能有一份成功的事业。这一次也不像她上次那样一唱完就匆忙地离场,安特和迪克都走上前让她稳定呼吸,放轻松一点。在他们告诉观众应该拨打什么号码,以投票选举能进入决赛的选手这个每个人都关心的问题之前,他们问了苏珊几个问题。

"苏珊,你今天一直都在等待这一刻的到来,"迪克说,"你现在是怎样的感觉?"

"太棒了,"苏珊激动地说,"感觉太棒了!"

"太好了!"两位主持人叫道。"苏珊,"安特继续问道,"在 YouTube 上上亿次的点击量,各种报刊媒体的报道,还有美国那边对你的采访,所有这些,能不能请你描述一下你的感觉?"

"难以置信,真是难以置信。"苏珊回答说。

"那么是不是让你今天晚上更有压力呢?"安特问她。

"什么压力?"苏珊问道,"今天晚上太棒了,我过得很愉快。"

这句话让很多人听了都大声说"好样的",然后迪克问苏珊是不是很享受演出过程的每一分钟。

"每一秒钟对我来说都是享受,"她说,"我可以再唱一次。"听完观众又是一阵欢呼。如果苏珊那时把电话号码念出来,他们很快就会打

电话。他们很喜欢她,全世界的人都很喜欢她。

接下来是评委的意见。

"苏珊,"皮尔斯最先表达自己的意见,"我觉得你今晚很漂亮。"

"谢谢。"苏珊打断他表达谢意,并给了他一个飞吻。

"更重要的是,我认为你唱得也很好。你身上最可贵的一点就是(这一点我们大家都能意识到)当整个世界正处于低迷时期,极需看到希望和激励的时候,苏珊·波伊尔出现了。我代表整个世界,因为今晚整个世界都在观看你的演出,谢谢你,苏珊。"观众们又兴奋起来了,又是鼓掌又是欢呼,苏珊微笑着鞠躬致意。

现在轮到阿曼达了。"苏珊,"阿曼达说,"你现在看上去像伊娃·裴隆,看到你这样精彩的演出,我现在是如释重负,之前我一直都紧张得要命,但是你的演出真是无懈可击。我真为你感到骄傲,你出色地代表了英国,皮尔斯说得没错,现在全世界都在看你的演出。你表现太棒了,谢谢。"

苏珊也谢过她。

西蒙开始说话了,"苏珊,我得说,你真的是,真的是一位与众不同的女士。我想借此机会向你道歉,因为你第一次上台时,没等你开始唱歌就贸然地那样对待你,我们每个人都错了。我真为你感到高兴和自豪。"

西蒙说这些话时,苏珊扬了扬眉毛,边耸肩边重复说了好几遍"我不知道"。她把评委和人们曾经对待她的态度看做是一场玩笑。

迪克接过西蒙的话,"非常感谢三位评委,"他转而对苏珊说,"苏珊,这是很高的评价,你肯定乐坏了吧。"

苏珊兴奋地点头说:"很高兴能站在这里,谢谢大家给我的支持!"说完她转身离开舞台,边走边向观众挥手。苏珊和另一舞蹈组合"多样化"一起挺进决赛。"多样化"舞蹈组合和娜塔莉·奥克利难分胜负,因此西蒙的一票是最关键的一票,观众对这一点懊恼不已。其他那些被淘汰的选手分别是:小提琴手苏·桑,达斯·维达(或者说是模仿迈克尔·杰克逊的达斯·杰克逊),肚皮舞表演者茱莉亚·奈登考,迪斯科二人组,以及街头艺人尼克·赫尔。

不管怎样,这一次又是属于苏珊的夜晚。第二天,报纸上全是夸赞苏珊的报道,有标题叫做"苏·棒!"或"苏大明星"之类的,等等。现在西蒙·考威尔很认真地提议拍摄一部关于她一生的影片,并承诺不管苏珊有没有取得"英国达人"的冠军,都能发行一张唱片。大概有 1 400 万观众收看了这期节目,大家最关注的当然是苏珊。

苏珊自我感觉不错,到处走动,过得很开心。在节目结束后,她正好撞上皮尔斯,并得到了一吻。"我终于接吻了。"她说完就像个顽皮的孩子一样笑着跑开了。

主动献殷勤的皮尔斯说:"很开心,能得到她的初吻让我觉得很自豪,因为她这个周日晚上看上去很漂亮。"

说起刚开始出现失误的那个音符,现在找到个合适的理由了:苏珊她最近感冒了。"刚开始时出现了一些问题,我唱错了一个音。"她后

来提起此事并解释道，"那是因为我感冒了，当时我对自己说'我觉得我最好继续唱下去'，所以我就继续唱下去，后来就好起来了。"

现在就只需要期待最后的决赛了。

"我很期待决赛，希望我能表现得更好。"苏珊接着说，"我希望能实现这个愿望，直到获得成功。我现在感觉不错，观众的反应让我很惊讶，世界各地都有自己的歌迷，这种感觉真好。我太高兴了，这种感觉很难用语言来形容。"

接下去那场半决赛胜出的两组是"完美无瑕"组合和肖恩·史密斯，他们的表演都让评委十分惊喜。

"今天晚上我还在电视新闻上说如果苏珊·波伊尔不是最后的胜利者，那我就是个甜甜圈，"皮尔斯说，"现在我想我真的有可能成为甜甜圈了。"

接下来胜出的是希腊舞蹈表演者斯塔夫罗斯·弗拉特里父子俩和沙欣·贾伐高利。

而此时，苏珊的行为暗示她现在承受的压力很大。这个时候她学习障碍这个消息还没有得到证实，所以，当人们看到她突然出现这种怪异的行为时十分惊讶。

在"英国多达人"（"英国达人"的姊妹篇节目和补充)的过程中，苏珊回答主持人问题时表现得很奇怪，常常牛头不对马嘴。当被问起她是如何看待那些根据她的模样制作的玩偶时，她不回答这个问题，却

把玩偶放在自己的鼻子旁边。在比赛选手们下榻的温布利广场酒店还发生了一件让大家觉得惊讶的事情。当时,有一群人正围着电视看半决赛的直播节目,皮尔斯对沙欣说这是"半决赛中最精彩的演出"。就是这个皮尔斯,苏珊曾公开表示对他有好感,也正是这个皮尔斯,他答应给苏珊一个正式的初吻。面对这种情形,苏珊承受不了,据当时在场的人说(但是苏珊否认有这样一件事),她朝着电视屏幕用两个手指头敬了个礼,大喊了声"去死吧"就甩头离开了。

按照常理,这种话和这种行为可不是一个循规蹈矩的女人能说能做的,但是很快有报道说,平日里当她碰到家乡那些欺负人的年轻人时,她也是这样的反应,他们经常嘲笑她、辱骂她。她这样的表现让整个国家的人都意外,可能是因为这是大家第一次意识到苏珊的问题不仅仅是没接过吻和一个人生活这样简单。

而且这也是苏珊第一次经历作为名人的低谷时期。有时候似乎那些好莱坞的明星们有一半人都是她的支持者,但是也有一些不同的声音,比如莉莉·艾伦就说大家高估了苏珊的才能。

艾伦说:"我觉得在周日的时候她没能把握好机会,完全不能恰当地控制自己,我也不觉得她的嗓音有多好。她会唱歌,但不算是什么突出的天赋,不是吗?"

听到这些话,马上就有人出来反击。苏格兰国务秘书吉姆·墨菲就站出来指责莉莉,说他不同意她的看法。拉德布鲁克斯也宣称他希望苏珊能比莉莉收获到更多的冠军。

突然间，所有的事情都不像以前那样顺利了，很多问题一个一个地冒了出来。BBC名人冰舞比赛节目"邀你共舞"的评委克雷格·雷维尔·霍华德也加入了这场争论，他说苏珊是个"十足的怪人"。媒体还刊印了一张苏珊和两名警察争论的照片，当时有一位记者追问她上次朝着电视大喊大叫的事情，她就把警察叫来了。

虽然她否认发生了之前那样的事情，但是还是涌现出大量有关她的负面新闻，很多人也越来越担心她脆弱的精神状态会让她放弃最后的决赛。这对每个人来说都会是不幸的消息，"英国达人"的制作人会失去他们的魅力之星，苏珊也会丢掉这次近在咫尺的良机。必须要赶快有所行动！私下里有很多人很关心她的精神状态，而皮尔斯更是公开在他的博客中请那些批评苏珊的人停止发表这样的言论。他在博客中写道：

"设想一下，如果你在过去47年里都一直默默无闻的生活，可是突然间变成了世界级的大明星。对于很多人来说，这是自己的梦想终于变成了现实，会得到广泛的关注，会名利双收，但是取得这种世界范围的成功也要面临巨大的压力。设想下你只剩下几天的时间来准备最后的决赛，这次决赛将对你的事业和生活产生深远的影响，可是你还要承受这样的压力。与此同时，每个人都希望你能赢得最后的比赛，而这种期待本身又会加重你的压力。这，就是苏珊·波伊尔现在的状况。我真为这个可怜的女人感到心疼。"

"有人说她当时非常生气，这是因为她'最喜欢的评委'支持了另一

位选手,苏珊不希望发生这样的事情。当时我不在现场,所以我不知道当时到底是怎样的情况。但是我看过她和警察起争执的那些照片,读到网上那些令人难以置信的恶毒评论。你知道吗?这让我非常、非常愤怒!苏珊·波伊尔心地善良,为人大方,生活过得不容易,所以我希望我们每个人都给她些喘息的时间。"

皮尔斯竭尽全力试图帮助苏珊度过这个低谷时期,他找时间陪她,试着让她平静下来,请大家走开给她更多的空间。他说苏珊想退出比赛,因为压力太大了,而且不断涌来的负面评价也让她十分沮丧。皮尔斯说有时候她会哭泣,就像"被汽车头灯照到的兔子"。苏珊现在所经历的是高大罂粟综合征,任何脱颖而出的人,英国人都想把他们打回到原来的样子,就像很多在英国的名人都会在不同的阶段经历类似的情况,像西蒙、皮尔斯和阿曼达,都被媒体和公众拿来抨击过,但是和他们不一样的是,苏珊还不能处理好她现在面对的状况。

"我希望我们每个人都能给苏珊些喘息的机会,"皮尔斯在博客中写道,"还有两天,她就要迎来她人生中最重要的一天,她最想做的就是为大家献上美妙的歌曲,希望能赢得最后的胜利……她在出生的时候由于缺氧导致有学习困难,在学校时经常被人称作'头脑简单的苏珊'。在她的一生中,她只在外工作过一小段时间,而把大多数时间都用来照顾她年迈体弱的母亲,直到两年前她母亲去世。对此她毫无怨言,她温柔体贴,虽已是中年,但来自苏格兰一个小村庄的她还没明白过来在她身上所发生的这一切。"

皮尔斯所做的这些有用吗？但至少苏珊没有选择退出，而是继续参加节目，不过困难现在才刚刚开始，一直以来都应付得很不错的苏珊，似乎现在要被承受的压力击倒，就好像之前所有的压力突然涌来，压得她喘不过气来。更糟糕的是，她家里也出了些状况，她的一个侄女刚刚生完小孩，因为头晕摔了一跤。

苏珊又一次从大众面前消失，以让自己放松下来。第一次消失是因为她不知道怎样处理大家对她的关心和热情，而这一次正好相反，是因为有小部分人对她的批评和负面评价。其实她还有很多很多的支持者，一些不太好的小事情不会对这些人产生多大的影响，不管怎么说，大多数人还是像以前一样支持她，而她仍然是他们心中的灰姑娘，希望她来参加舞会。

但问题是这些捣乱者的声音比支持的声音喊得更响，所以苏珊听到的全是那些负面的评价，她不知道每个喝倒彩的人后面都站着100个为她祈祷祝福的人。为什么她有这样的反应呢？一直以来，她都被人欺负，所以现在的情况对她来说就像是回到了以前。

其他两位评委也很关心苏珊。"英国达人"是西蒙策划的选秀节目，为了确保她没事，他也去见苏珊，告诉她不要放弃梦想，要努力走出困境。后来他对记者说："我要确定她现在过得不错，告诉她如果我能帮上什么忙我一定会帮。她已经获得了进入决赛的资格，因此不希望她错过这么重要的夜晚。"

"苏珊不会放弃的，"阿曼达肯定地说，"我觉得有一段时间她可能

打算收拾包袱走人,因为她感到十分沮丧、十分伤心。我们能做的就是待在她的身边,但是不要去保证她一定能赢得比赛。不过不管她最后能不能赢,她将录制一张唱片《我曾有梦》,这将会成为最热、最热的唱片,可能会是张铂金唱片。"

就在决赛马上要进行的时候,这些负面的消息慢慢减少了,至少在新闻中减少了,因为评论员开始意识到虽然挑苏珊的毛病能增加报纸的销售量,但是也会对她造成伤害。对于选秀节目的组织者来说,他们又面临着另一个难题:如果苏珊输了的话会发生怎样的事情呢。他们担心的不是观看节目的观众人数,也不是比赛过后的安排,他们担心的是苏珊会有怎样的反应。越来越多的人指责节目将一个心灵脆弱的女士推到聚光灯下,所以如果苏珊输了比赛,一蹶不振,那他们该怎么办?

在出现这种情况之前就必须做好准备,这一次皮尔斯又站出来说话了。作为一名报刊前任编辑、传媒界资深人物,他内心坚强,能应付各种困难,但是他也能看到别人内心的脆弱,他想尽可能地保护苏珊。也许是因为苏珊公开声明过对皮尔斯有好感,所以皮尔斯觉得更有义务保护她。现在他就是苏珊的保护神,如果结果并不是大家所期望的那样,他就有义务把伤害降到最低。

"不管结果怎样,苏珊都会成为一个大明星。"他说,"我也希望她能献上一场精美绝伦的表演,让那些恶毒的评论员收回自己说过的攻击性评论。她会赢吗?从很多角度看,她已经赢了。对于这些喧哗声,我敢

肯定苏珊会在决赛中用她惊人的演出来回应。她是一位坚强的女性，从出生开始就一直在努力战斗，她不可能会现在就放弃。"

节目制作人也在给予他们力所能及的帮助。其中一位制作人——理查德·霍罗伟——说他就像支持布拉德·皮特和安吉丽娜·朱莉一样支持苏珊。一个朋友会陪伴苏珊来伦敦，而当苏珊回到苏格兰时，总会有一名节目制作人陪着。

与此同时，很多跟媒体走得很近的心理医生纷纷出来表达他们的观点。有些人认为苏珊会继续参加比赛，而另一些人认为她不会继续参加比赛，这样的话，她就不用承受自己的明星地位消退这种心灵创伤，不去参赛的话就不会造成这种伤害。但他们都一致认为皮尔斯对沙欣的称赞让苏珊十分沮丧。可是苏珊本人一直保持沉默。

很显然苏珊的压力现在越来越大。在布莱克本，当地人在准备一场庆典活动，不管比赛结果怎样，活动都会照常进行，他们聚到欢乐谷酒店一起来观看苏珊的演出。对于苏珊的有悖常理的举止他们一点也不放在心上，因为这种场面他们看得多了。村里的屠夫大卫·斯登说："我看着她长大的，我们都知道苏珊是怎样说话的，有时候她是会很粗鲁。"

酒店经理杰基·罗素也同意这样的看法，她说："都是因为压力的原因，这很正常。以前她可以随意去商店买东西，没人打扰她，可是突然间这么多人关注着她，这对她来说不是件容易的事。"

但是不管怎样，有一件事是肯定的，大家对苏珊的兴趣越来越大，

都在猜她那天会穿怎样的衣服、唱什么歌。苏珊的外表曾被拿来反复讨论批评,现在她有点像是个时尚偶像。她还是赌场上最热门的冠军候选人。

接下去这场比赛将是苏珊人生中的又一件大事,但是皮尔斯说的没错:不管是输还是赢,她已经是个明星了。如果她在半决赛时表现得不好(但事实是她很快就打起精神表现得很好),她的歌唱生涯可能就要画上句号。但是她取得了成功,证明她不是只会一招的小马驹。前进的道路是痛苦的,正是因为苏珊要面对这么多的问题,公众就对她愈加着迷。除掉少数几个唱反调的人,其他人都希望她能坚持住,希望她能成功。正是因为她的战斗还没有结束,大家才愈发有兴趣,想知道接下去会发生什么。没错,她已经是个明星了,但是她还要努力战斗。

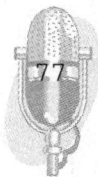

EXTRA!!! The Times EXTRA!!!

决赛惜败

2009 年 5 月 30 日,"英国达人"的决赛就要开始了,人们的紧张程度达到了前所未有的高度。刚开始的时候大家认为苏珊赢得这场比赛是十拿九稳的事情, 可是最近大家都不敢确定她一定会赢。

不过这些都不重要,不管苏珊能不能在当天晚上的比赛中胜出,她肯定能在唱歌这一行发展。但是她还是希望能

赢,所有关心她的人都希望她能赢。

大家都打开了电视,比赛开始了。在演出开始之前,很多以前录制的片断出现在大屏幕上,在一段采访录像当中,苏珊穿着一件黄色的外套,她说:"当我第一次站上'英国达人'的舞台,我从没想过我能坐在这里等待进行决赛。如果我赢了,人们会知道我不是一个只会待在家里和猫一起过日子的人,他们会看到一个全新的我,一个新的苏珊·波伊尔,歌手苏珊·波伊尔。这样当我走在人群中时,我可以为自己感到骄傲。"

然后皮尔斯出现在屏幕上,"在仅仅几周的时间里,苏珊·波伊尔从一个在苏格兰小村庄里名不见经传的未婚老姑娘变成这个世界上最出名的女性之一。"在皮尔斯说这些的时候,屏幕上闪现很多国际报刊报道苏珊的标题,并指出"这给了她巨大的压力"。

又回到苏珊的采访视频:"在过去一周,巨大的压力让我喘不过气来,"她说,"但是我要尽量不去想这些。"这些话说得很对,但是说起来容易做起来却很难。

接着西蒙出现了,他说:"对任何人来说,这都是很难承受的,压力实在是很大、很大、很大。现在她马上就要开始演唱了。"

又回到苏珊,"今晚将是我一生中最重要的晚上,"她说,"当我走上台演唱,那是我堆积了40年的梦想,是我一生的抱负。"

苏珊演唱的时候到了,安特和迪克对她进行简要介绍,她站到了观众面前,穿着一件长长的闪闪亮的蓝色长礼服,开始又一次演唱《我曾有梦》。她的歌声和上次一样铿锵有力,但是她的表情有所不同,她

的脸上多了些感到困扰的表情，这是她上次演唱这首歌时所没有的。上一周对苏珊来说实在太糟了，她要承受媒体发布的大量负面评论，这让她精神很脆弱。不管苏珊心里有多痛苦，但是这不会影响她唱出美妙的歌声，她唱得很好，可是你还是能看出她最近过得不是很好。

虽然她有很多困扰，但是观众还是很喜欢她的歌声，人们不断地欢呼尖叫，三名评委都站起来鼓掌喝彩。苏珊脸上露出了笑容，虽然这笑容或许夹杂着痛苦或者只是真正的快乐，这我们都不知道。然后安特和迪克模仿木偶人的样子走了过来，想要让这个有着美妙歌喉的歌手开心一些。

"唱得好，苏珊。"安特说，"非常热烈的反响，每个评委都站起来为你鼓掌。你有什么感想？这一周你压力很大，但你上台来为我们演唱，看上去气定神闲。"

"我想谢谢所有支持我的人，"苏珊说，看上去比上次在台上说话时要紧张些，"特别是家乡的乡亲们，还有所有的观众，你们所有人，谢谢你们给我的支持。"

她的一席话让观众又开始鼓掌。

迪克开始说话："为了今天的决赛，所有选手都很有压力，但你的压力最大。在大家面前说说，你觉得这值得吗？"

"十分值得！"苏珊激动地回答。

"所以你上台的时候感觉像在家一样自在？"迪克接着问。

"是的，我现在是站在朋友面前，不是吗？"苏珊反问道，观众又开始欢呼。

"是的。现在让我们来问问评委的意见,"安特说,"皮尔斯,你觉得苏珊的表现怎么样?"

"嗯,"皮尔斯开始发表意见,"苏珊,你这周是难熬的一周,前面这周你表现得很出色,但是上一周是很难熬的一周,全世界都在关注着你。很多负面的消息,说你'崩溃了'、'垮掉了',要'退出比赛'等等,但是我总在想,面对这些评头论足的人,你要做的就是走到舞台的麦克风前,唱歌,唱那首让我们爱上你的歌,唱得比上次更好。苏珊,作为评委,在比赛中我不能偏袒任何一位选手,我必须要做到客观公正,你明白吗?不说这些。刚刚是我在'英国达人'比赛中观看的最好的演出。你应该赢得这场比赛。我很喜欢。"

观众又开始欢呼,他们显然也同意皮尔斯的观点。皮尔斯不经意的言语让苏珊感到沮丧,他刚刚的话语说的就是这个意思,而苏珊在台上也表现得非常大度。皮尔斯公开表示对苏珊的支持正是苏珊现在所需要的。

现在轮到阿曼达发表评论了,她说:"苏珊,我从来没有听到过这样有力、充满自信的歌声。你今天晚上唱得好极了。我还要重复皮尔斯说过的话,这一周,你承受的压力比其他的选手要大很多。但是你坚持下来了,为了苏格兰,为了整个英国,你坚持了下来。"观众又一次爆发出雷鸣般的掌声。阿曼达接着说:"我能不能再说一句,西蒙刚刚眼眶里都有泪水,以前我从没见他这样过。"

最后轮到大师西蒙了。他没有理会安特问他阿曼达说的是不是真的,而是说:"我不知道谁会赢得今天的比赛,但是,你知道,过去 7 周是

段不寻常的时间,你完全有权利放弃,你完全可以走人,很多人从美国那边特意过来请你,很多人说你根本就不用来参加这个比赛,说你应付不了这么多。怎么做呢？你可以待在家里和宠物猫在一起,然后说'我错失了一次机会'。我不赞同这种看法,我一点也不赞同。不管你是输是赢,你今晚有勇气在这里出现,直面那些对你评头论足的人,来反击。这是最难能可贵的。"

后面又响起一阵欢呼声。

西蒙接着说:"苏珊,不管发生什么事,你知道,我认识的是一个真正的苏珊·波伊尔,善良、腼腆,只想好好休息一下,我认识的不是那些媒体描述的苏珊·波伊尔。不管是输是赢,你都可以仰着头从这里走回去,苏珊,我很佩服你这种勇气。"

"听到这些我很高兴,非常感谢!"苏珊说,给观众一个飞吻,便走下台去。

在苏珊的老家布莱克本,人们激动不已。100多个人齐聚欢乐谷酒店,一起看电视直播,当苏珊一走上台,大家顿时安静下来。在整个村庄,几乎所有的人都盯着电视屏幕看,当她演唱完毕后,气氛顿时就像炸开了锅。在这里,苏珊就是个胜者。

但是回到伦敦这边,情况却有所不同,让所有人惊愕的是,苏珊不是最后的胜者,获得胜利的是街舞组合"多样化"。虽然失败了,但是苏珊还是很有风度地说:"他们的演出很精彩,最好的演出才能赢得比赛。"虽然这样说,但是像她这种情况,很难不产生一种被背叛的感觉。

这个现代灰姑娘一直遭遇了童话般的离奇经历,所有人都希望这个童话有个完美的结局,但是事实却不是这样。

所有人都感到很惊讶。西蒙听到这个消息后说:"苏珊一直都是最好的,而且很大度。她赢得了很多人的支持,大家都想了解真正的苏珊。她太让人惊讶了。"

"我能不能代表所有人来表达我们的心情,遇到你真是太好了。"迪克这样说道。虽然他还不具有权威性,但看上去这个结果也出乎他意料。

尽管输掉了比赛,而这也会影响到苏珊踏进演艺圈的速度(这还不是最重要的),但是也的确说明了一些问题。大家都以为苏珊会赢,结果没有赢,很多媒体认为这都是由于她在准备比赛的过程中接触到的那些负面评论导致的。有些人认为她那些奇怪的行为和她的学习障碍没有多大的联系,她只是太情绪化了。但是大多数人不是这样的想法,只有少部分人会这样想,而这影响了苏珊的表现,这就是苏珊失利的真正原因。

现在又引发了一个新问题,肩负这如此重的期望,她能否拾回失去的一切?她能控制好自己吗?就像评委们说的那样,这一周所有参赛选手都很有压力,而苏珊的压力最大。以前从没发生过类似的情况,谁也不知道接下去该怎么做。"英国达人"巡演马上就要到来,马上就要做决定,每个人都想问"苏珊的身体状况能参加巡演吗"。苏珊是巡演过程中最让人期待的选手,但是如果她参加的话,人们会指责节目制作人:现在她很显然不能应付这一切,却还是要把她推到聚光灯下。

如果苏珊缺席巡演,人们也会表示理解。当问到接下去她要做些

什么,她的回答是:"我希望能制作一张唱片,我会视情况而定。真是难忘的经历,难以置信,让我感到羞愧。谢谢大家。"

苏珊的家人和朋友都很担心她,但是她的朋友罗琳·坎贝尔很支持她,罗琳是苏珊上学时的朋友,参赛期间来到伦敦陪着她,可以借肩膀让苏珊哭、让她依靠。从小就认识苏珊的罗琳,在苏珊过于激动的时候,知道怎样让她平静下来,当苏珊心理负荷过大时会带着她去做弥撒。即使这样,最后苏珊还是需要得到专业人士的帮助。

不过苏珊的前途还是一片光明,能赚到很多钱。很多人猜测苏珊到底能赚到多少钱,大家的估算相差很大,有的甚至说会有 1 000 万英镑,但是不管怎样,肯定能超过比赛的奖金 10 万英镑。她的哥哥约翰还预言:"人们肯定会再次听到苏珊·波伊尔唱歌,她的演出还没有结束。值得庆幸的是现在她可以休息一会儿,能唱歌了,这一直是她最想做的事情。家里人都为她感到高兴和自豪,她给大家带来了绝妙的演出。在天堂的父母看到这些也会高兴地笑。"

但是没过多久就有消息称在苏珊输掉比赛的那天晚上发生了一些事情,暗示苏珊开始崩溃。一到后台,有人说苏珊就开始大声说"我恨这档节目,我恨",然后穿着胸衣跑过走廊,把一杯水泼在一位舞台监督身上。显然大家都不知道怎么做才好。

苏珊的哥哥格里说:"你们就让她一个人静静吧。她只是很生气,发脾气而已。在那样的压力下谁不会这样呢?她告诉我'我觉得很累很压抑',这是可以理解的。"

制作公司作出回应时很低调,只是说苏珊"情绪有点不稳定"。有些媒体觉得很困惑不解,虽然输掉比赛令人失望,可是苏珊还是可以成为一个歌手,为什么要这样想不开呢?这种想法完全没能理解苏珊的心情。她参加了一次大型的节目,现在让她受挫的是支持她的人不多。有报道说第二周西蒙·考威尔去和苏珊讨论有关唱片的事情,但是苏珊最需要的是人们的支持,需要人们给她大量的支持。

大家都知道苏珊出生时缺氧,但是却很少有人愿意承认苏珊现在的行为是由这件事所引发的。她在布莱克本的邻居们都承认,苏珊有时候会很生气,即使是在这个远离娱乐界压力的安静的苏格兰小村庄里,她也会这样。她十分需要大家的安慰和同情,需要人们理解她,给她力量,但是她身边没人知道该如何来安慰她。

他们只知道她现在需要专业人士的帮助,于是带她去看医生,医生说她现在需要好好休息。她身边很多人对此事都是轻描淡写地带过,她的发言人说:"她去看了她的私人医生,建议她好好休息几天。"但是她需要的不仅仅是这些。

"多样化"组合成员很理解她,希望她能快点回复。组合的领队阿什利·班卓说:"苏珊是个很仁慈的人,她跟我们说我们很特别,经常会和我们拥抱,跟我们跳跳舞,跟我们跳跳机械舞啊锁舞啊。她人真的很好,她是举世闻名的大明星,能胜过她真是太惊讶了。我们觉得她在周六晚上的演出和平常一样精彩。她的事业会很辉煌的。"大家对比赛结果都很意外,即使是取得胜利的他们,也有很多的感触。

事态变得更为严重了。没人站出来说在幕后到底发生了什么事情,现在能确定的就是苏珊因为在工作人员面前昏厥,被送到修道院诊所,医生说是疲劳过度。人们比以往任何时候都要关注她现在的身体状况,甚至有人声称节目的制作人应该接受调查。"英国达人"及考威尔的娱乐公司赛科负责苏珊的治疗费用,但在处理这件事情时依然很低调,声称"我们上周就替苏珊安排了私人顾问,因为我们知道在准备决赛的过程中她需要帮助"。这也说得太含蓄了。

英国首相戈登·布朗也是苏格兰人,他在早安电视中说:"我希望苏珊·波伊尔现在一切都好,因为她真的、真的是个很不错的人。"

这件事让那些发表消极评论的人明白苏珊在公众场合时有情绪不是她摆大牌,而是她在求助。人们又开始激烈地争论把这样一个生活在关系紧密的小社区里、不是很抗压的女士暴露在全球媒体的聚光灯下面,这样的做法到底是对还是错。

进行"英国达人"巡演的名单现在还没有确定,西蒙·考威尔说:"除非她感觉好些了,否则她不需要费心。"他肯定也很担心苏珊的状况,因为舆论对她很不利。

艾琳·卡特是跳舞组合"无糖"里一个成员的母亲,她说她看到一些发生在身边的事情。

"苏珊这整个星期的行为都很奇怪。"她在接受《每日快报》采访时这样说道,"有一次,在后台忙碌的工作人员问她还好不,她说她在和一个朋友聊天。然后还把房间里每个人都介绍给她的这个'朋友',但是

当时她身边根本就没人。还有一次,她在酒店里向我女儿爱玛借手机用,但是打电话时却净说些奇怪的话,后来她还手机时说她刚刚给家里的小猫打了个电话。"

节目的制作人最不想听的结果是:苏珊的问题开始看上去比人们预料的要严重很多。媒体纷纷抗议,说苏珊是不是只是人们利用的棋子,并揣测一些人利用这个可怜的女人赚了多少钱。

事态愈演愈烈,最后连"英国达人"的制作公司——泰晤士制片公司(Talkback Thames)都出来说话了,其代言人说:"这只是个选秀节目,人们来展示他们的才能。我们在节目开始时不会对选手做心理检查,这不是什么'老大哥'(管教所),人们来这里不是被关上几个月,他们只是来参加'英国达人'举办的三四场比赛,在半决赛和决赛期间,在宾馆里住上七到十天。这个和进管教所是不一样的。但是由于可能会招来大量媒体的目光,或者会迅速导致世界性的影响,我们会重新思考有关心理评估方面的政策规定。"

不管怎样,苏珊现在得到了很好的照顾。有报道说她被送入精神病院了,但事实并非是这样。苏珊是听从了医生的建议,自愿由救护车送到修道院诊所的,还有警察陪送,后来她才慢慢平静下来,她的哥哥格里在陪她说话聊天。格里在接受《卫报》采访时说:"她现在在修道院诊所,和那边的人聊天,谈论她的感受、她都做了些什么。听起来她好像开心了点,更像她自己了,感觉更放松了。之前她就像是坐上了过山车,总是有媒体关注报道她的事情,她还不能习惯这样强烈的关注,但

是她现在很清楚自己不再是当初那个名不见经传的普通人。我觉得是节目组的人谈论太多了，让她有种心理期待，当节目结束过后，就会问'我现在该怎么做呢'。"

事态的发展到现在为止还不明朗，所以这个问题还没有确切的答案。但是苏珊恢复得很快，现在看来事情还不是很严重，可是在之前那种情况下，没有人知道她会病多久，到底能不能应付好马上要开始做的事情。至于大家一直在讨论的唱片，现在看来不太可能在这一季选秀节目结束后就马上开始准备，而是会放慢步子一步一步来。

评委也在努力做好他们该做的事情。皮尔斯和阿曼达在谈到唱片时，都说也许苏珊没有赢得比赛是件好事，因为一旦赢了，她将要承受更大的压力，身体可能会受不了。但是她要是赢了，可以得到她梦寐以求的认可，不过现在说这些已经没有意义了。

还有一件事很多相关人员都不想去提及，那就是在决赛那天晚上，苏珊要忍受她之前从来没有面对过的事情：喝倒彩的嘘声。后来皮尔斯为这件事向苏珊道歉，这些人只是观众当中的一小撮人，但是对于像苏珊这样的人是很大的打击。

最终的胜利花落他家，当初支持她的观众也来奚落她，这严重打击了苏珊的自信心。她有被背叛的感觉，即使不是节目本身，那也是被一些观众背叛。苏珊一生下来就开始面对残酷现实，而这次是最难忍受的一次。

过了一两天，事情似乎不那么糟糕，苏珊好像只是因为过度焦虑而昏倒——但是她心情很不好、很焦虑，但不是很严重。再说，苏珊的

歌迷也没有遗弃她，美国总统巴拉克·奥巴马据说想邀请她在美国独立日庆典仪式上献唱。苏珊要开始反击了,据说她跟家人说,"我很累,有点儿想家,但我还是想继续努力实现自己的梦想。"

苏珊的哥哥格里一直密切关注事情的发展,他接受《每日记事》采访时说苏珊只是想家了,她很想念她的猫"小石头"。她过度焦虑导致晕倒是因为她害怕失去刚刚才看到希望的事业。

"她好像总在想'现在该怎么办、会发生什么事呢',在想着皇家综艺表演,不知道以后能不能做个职业歌手。我就问她'七个星期前,如果有个人告诉你几乎每个人都知道你是谁、有人愿意和你签订录制唱片的合同,而你不需要特意做任何准备,你会怎样想呢?'我告诉她'这不是你职业生涯的结束,这只是开始'。这个节目只是她的跳板,大家现在都在等着苏珊发行唱片。我在想不知道多少已经成名的艺人希望能有她这样好的机会。"格里说得一点也没错,这也是苏珊现在需要听到的话语。

在决赛前一周有些人对苏珊形成了不好的印象,而现在所有这一切都消失了。现在大家都一致认为她对待事情(包括她现在所处的境况)的一些反常的举止,不是她不注意,而是她没注意到。不管怎样,她得到了她一直渴望的机会。她的家人虽然很担心她,但是能有一个明星妹妹和亲戚,他们都很高兴。她以后还会经历很多这种十分紧张的场面,但是她学习得很快。

决赛结束后,选手们还没有休息到两周,就要开始"英国达人"的巡演,日子一天天地临近,票早就售空了,由于巡演很受欢迎,时间往后又

推迟了一周。大家都知道原因是什么，因为大家想目睹苏珊的风采。不管她有没有赢得比赛，她都是最受欢迎的选手，但是谁都不知道她现在的身体状况能否参加巡演。

这个问题让巡演的组织方很头疼，但是大家都知道苏珊的健康是最重要的。格里指出让苏珊知道她和以前一样受欢迎是最好的药剂。正是因为担心自己的职业生涯还没开始就被扼杀才让她这样，还被送进医院。

阿曼达也急于声明苏珊不是因为健康问题才住院，她只是太疲劳了，很快就会好起来。至于苏珊本人，她自己并没有公开说什么，她只想早点好起来。

虽然苏珊暂时离开了屏幕，但是有关她的报道还是铺天盖地，越来越多的人竞相邀请她去演唱。苏珊的哥哥约翰披露说安德鲁·劳埃德·韦伯爵士也联系了他，但是苏珊现在的身体状况还需要休息。

还有一个人也很支持苏珊，这真是个让人意外的消息，这个人就是伊莲·佩姬。苏珊曾说佩姬是她的奋斗目标，佩姬也差不多可以说是在出演了《艾维塔》之后一夜成名，她对苏珊十分关心。

"希望我能尽早见到她，"她对《每日快报》说，"如果苏珊愿意的话我想去看看她，因为我想给她些建议，让她暂时不去理会身边的这些事，不要和节目组的人员接触，她现在需要在家好好休息，自己一个人静静，只有这样她才能整理好自己的思绪。我觉得我能给她一些有用的意见，这些建议都是从我个人的经验中得出的。当我 1978 年出演《艾维塔》过后，我也有过一段很艰难的时期。这位来自西洛锡安的女

士现在面对的一切比我当年还要糟糕。在现在这个年代，一出名就会受到猛烈抨击，因为有 YouTube 和受到全世界关注，她比我以前承受的要多上上百倍。这事摊在谁面前都发愁。"

但是苏珊还是不愿意和"英国达人"脱离联系，因为是这个节目给了她一直期盼的机会，她现在最想要的就是身体快些好起来，这样她就可以接受这些铺天盖地接踵而来的邀请，这样她又可以继续前进了。不管怎么说，拒绝巴拉克·奥巴马和安德鲁·劳埃德·韦伯的邀请就太可惜了。

最后，苏珊只在修道院诊所呆了几天就出院了。有很多人都在猜测她受到过怎样的待遇，有人说人们把她的宠物猫"小石头"带过来给了她一个惊喜，又有人说修道院诊所不允许带"小石头"进去，因为这样做违反了医院的相关规定。不管大家怎么猜，苏珊出院的时候看上去精神多了。她还会遇到很多很多的问题，但是现在这个问题总算告一段落了。

出院过后，苏珊做了件最明智的事情，那就是坐飞机回到苏格兰，在这里她又可以跟"小石头"和她的家人朋友团聚了。这段时间发生了太多的事情，为了实现自己的梦想，她也付出了很大的代价，遇到了很多的问题，但是现在她已经是个明星了，这就是她渴望做到的事。

鉴于苏珊有着这样的个人背景和私人问题，事态的发展还不算太糟。苏珊的适应能力比大家预期的要好得多，不管她曾遇到怎样的困难，但是当机会到来时她还是能很好地把握。苏珊的生活将发生翻天覆地的改变，虽然有过令人沮丧的时期，但是未来还是一片光明。苏珊·波伊尔最终经受住了一切考验，现在她就要踏上她的星光大道了。

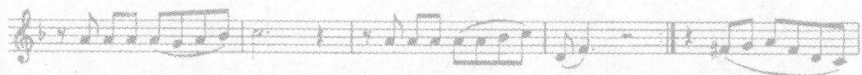

特别的孩子

英国,1961 年。

20 世纪 60 年代,世界在发生巨大的变化,所有旧的规矩都被粉碎,新的社会基础在慢慢形成。在这个年代,出现了摇摆伦敦(伦敦街头装扮)、巴黎的暴力分子、以爱与和平改革社会的信仰以及夏日之爱(指 1967 年夏天,是嬉皮革命的决定性时刻),也造就了

很多革命性的音乐天才,像披头士乐队、滚石乐队、奶油乐队、地下丝绒乐队以及新面孔乐队等等。

所有这一切也孕育了新的机会。英国严格的等级制度轰然倒塌,在英国历史上,人们第一次会因为自己是工人阶级而骄傲。出身于工人阶级的伦敦名人有迈克尔·凯恩、罗杰·摩尔、特伦斯·斯坦普、"小树枝"的莱斯利·霍恩比以及大卫·贝利,他们这些人都出身卑微,但举世闻名,成为了他们这个时代的偶像。

在离伦敦很远的一个苏格兰村庄布莱克本,很难闻到这场革命性变革的气息。在这里,人们的生活和以前一样,努力工作挣钱养家是他们的首要目标。布莱克本是一个很小、很传统的村落,和灯红酒绿的大城市根本就是两个不同的世界,但是这个村庄养育出来的最出名的女儿将要去体验那另一个世界:生活不可能一帆风顺,但是不要抱怨,只要好好面对就行。

这就是苏珊成长的环境,很多年过后,她在现代化的英国社会取得成功,但是在她取得成功前,英国又经历了一场变革——数字革命。正是数字革命催生了因特网及像 YouTube 这样的网站,这些因素在苏珊的成功中扮演了至关重要的角色。在苏珊一鸣惊人的那个晚上,她连电脑都没有,所有这一切对她来说都很陌生,但是过不了多久她就会熟悉起来。

1961 年,已经是个大家庭的波伊尔家得知他们将要迎来又一个新成员的降生。波伊尔一家是从爱尔兰多尼戈尔郡迁到英国来的第一代

移民。帕特里克是一个矿工,后来在巴斯盖特的英国利兰工厂做仓管员,是二战时的退伍老兵,在业余的时候根本就不会想什么当业余歌手的事。他的妻子布里奇特是速记打字员,正在等待他们第十个孩子的降生。

1961 年 4 月 1 日,苏珊·玛格黛兰·波伊尔出生了,是全家最小的孩子,她上面有 4 个哥哥、5 个姐姐,她的出生完全不在大家意料之中,她比上一个孩子要小 6 岁,她的母亲当时已经 47 岁了。不幸的是在苏珊临盆的时候出现了缺氧的意外,这将会影响这个孩子——苏珊的一生。

从人们的话语中她知道在自己身上发生了什么事情,从一开始她就明白大家对她也没有过高的期望。

苏珊接受《周日快报》采访时说:"当我还是个小孩的时候他们对我就没什么特别的要求,因为大家都跟我父母说我先天有些不足,所以不要对我寄予太大的期望,只要让事情顺其自然就好。虽然这样,苏珊是家里备受宠爱的孩子,父母都视她为掌上明珠,她的母亲尤其疼爱这个最小的女儿。

在家的日子总是快快乐乐的,一家十几口人都挤在苏珊现在住的这所房子里,在里面孩子们会吵架摔跟头,天天都能听到哭喊尖叫的声音。在家里,苏珊和其他孩子受到的待遇一模一样,根本就看不出以后走出家门后她会那么害羞腼腆。

"在家里我可不是好欺负的,"苏珊对《星期日泰晤士报》说,"在像我家这样孩子很多的家庭里,你必须要为自己争得一席之地。"但是一到外面,苏珊就不是这样的了。因为有学习上的障碍,她很难和其他的小孩走到一起,所以她经常被人欺负。生活对她来说并不容易。

"因为心智上的缺憾,我经常成为大家欺负的对象。"她接受《星期日镜报》采访时说,"我头发总是很蓬松,成绩也不好,所以他们经常骂我。"

"我会把这些事告诉老师,但是因为他们只是经常骂我,而不是经常打我,所以总是没有证据,但是他们的辱骂比身上的伤口和淤青更伤人。我现在还能看到和我一起上学的那些人,因为我们都住在同一片区域,现在他们都年纪大了,都有小孩了。但是你看看我现在,我是笑到最后的那个人。"

她是那个笑到最后的人,但在当时她的日子还是很难熬。当苏珊长大后回忆的时候,她觉得后来的情况越来越糟,因为愤怒在她的心底堆积却无处发泄。她在公众场合好几次都按捺不住自己的情绪,也许跟当年小时候的经历有关系。那个时候,没有人去帮帮她或保护她,只要一离开家,她就渴望有人能保护她,但是她只能学着自己保护自己。老师也没有给予她必要的帮助,也许他们压根儿就不知道有这回事。所以内心的愤怒不断地增长,难怪最后会爆发出来。

苏珊很早就显露出音乐天赋。她的父亲帕特里克在战时广播上唱过歌,所以这个家庭的人有音乐方面的遗传基因。

"我们家人每个人都是个歌手,我觉得我们是从父亲那遗传到这些。"苏珊说道,"我总跟妈妈开玩笑说,当我还是个婴儿的时候她就知道我肺很好,因为我小时候经常哭。在我 12 岁左右,我就开始在学校的节目和合唱团里唱歌。老师说我很有天赋,但我当时太小,还不懂这些。"

唱歌成了苏珊生活中的避难所,成为了生活中十分重要的部分。

在参加学校表演的前几年,苏珊就开始唱歌了。虽然她是合唱团的成员,但是在和其他成员一起唱歌时,她一般不让大家听出自己的声音。像苏珊这样腼腆的孩子不愿意太引人注目,事实也是这样。

"我大概九岁的时候就开始唱歌了。"苏珊对美国杂志《电视指南》说,"我玩过戏剧,参加过合唱团,我还独唱过一次。但还是在合唱的时候我能更好地隐藏自己,让别人领唱我会觉得更自在,那时我很腼腆。很难想象会发生今年所发生的一切,很难想象。但是当你到了我这个年纪,你就不会觉得有什么好害羞的了。"

苏珊的哥哥杰拉德比她大 6 岁,是她家所有小孩中年纪跟她最接近的。杰拉德说的话和苏珊差不多,他对《星期日镜报》说:"我父亲会在工人俱乐部唱歌,我也会。我们是个喜好音乐的家庭,在婚礼或家庭聚会上我们都会唱歌,但是苏珊比较害羞,她总是坐在后面。大概十岁的时候,她在一个婚礼上唱了一首,那时我们才知道她很有唱歌天赋。从那以后她就一发不可收拾了。"当然她是在没外人的时候唱歌。在外

人眼里,她还是那个很害羞的小女孩。

喜欢唱歌的不只是苏珊一个人,家里每个人都喜欢唱歌。苏珊在接受《电视指南》采访时回忆道:"我哥哥乔还会写词作曲,父亲以前也经常唱歌,母亲会唱歌,还会弹钢琴,我两个姐姐也很会唱歌。我们一家人就像《音乐之声》里的退役海军上校冯·特拉普他们一家人一样!家里有吉他,有钢琴,我们都会去弹弹。在 60 年代我们都很喜欢披头士乐队,当我还是个少女的时候,家里人经常坐在一起看《流行音乐排行榜》这个节目,看他们还有滚石乐队的演出。但是我父亲不喜欢看这个节目,总是把电视关掉,我经常恶作剧偷偷把电视打开。"

具有戏剧意味的是,在苏珊发行的第一张专辑里,她翻唱了滚石乐队的一首单曲,米克·贾格尔(滚石乐队主唱)还称赞苏珊唱得好。当时那个小女孩肯定想不到会发生今天这样的事情吧。

如果苏珊是出生在现在这个年代,也许就会有人意识到她的音乐才能能弥补她身上存在的问题,把音乐当做是跟这个世界交流的方式。但她是于 20 世纪 60 年代出生在苏格兰一个小村庄里,没人想到过也许音乐能让苏珊在这个世界出名。相反,人们只是认为她是个特殊的小孩,和其他孩子不一样,注定只能充当生活的观望者。想从事唱歌事业这个想法简直就是异想天开,这种想法占据了苏珊大多数的成年时光,她必须要克服这种想法,努力为实现梦想而奋斗。

当苏珊慢慢长大的时候,因为和村子里其他孩子不一样,这让她更加孤立。长大成人后,村子里有些人愿意和她做朋友,很关心她,可

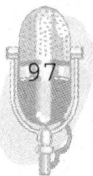

是在小时候,根本就没有这样的人,她通常只是一个人呆在一处。她的
父母都很担心,发现她不跟其他小孩一起出去玩,一直都把自己沉浸
在那唯一一件能带给她乐趣的事情上:音乐。这样看来,正是因为她很
难交到朋友,所以音乐在她的生命中所占的分量就越来越大。

杰拉德说:"苏珊不太合群,她喜欢一个人呆在一处,自己一个人唱
歌,沉浸在音乐之中。她不太和其他小孩一起玩,跟和她同一年龄段的
孩子兴趣也不一样,她跟别的小孩不一样。等到了十几岁,她也不像别
的女孩那样迷恋化妆品或男生。她很容易生气,会说粗话,所以在外面
很难交到朋友或男朋友。最后她把自己封闭在自己的世界里,只与音
乐作伴。"

杰拉德的这些话为苏珊作为一个成人还控制不住自己的情绪提
供了背景:苏珊根本就不知道该如何面对这个世界残忍的一面。一个
极其敏感的小孩成长成了一个敏感的女人,她没有像很多其他人一样
练就了一身应对这个世界的盔甲。而且她还很腼腆,她知道自己跟其
他人有所不同,但是她不知道该怎么做才好。她也不知道在与人交往
的过程中应该怎么做,所以一直到十几岁,她还是不太跟人交往。

20 世纪 70 年代的英国,汤尼·奥斯蒙德是女人心目中的白马王
子。和当时很多女孩子一样,少女时期的苏珊当时也很迷恋汤尼·奥斯
蒙德(后来她见到了他本人)。苏珊人生中第一次把爱情融入到歌曲中,
她对唱歌也变得更加狂热。

"她年轻的时候很迷恋汤尼·奥斯蒙德,"杰拉德回忆说,"她房间的

墙上贴满了汤尼·奥斯蒙德的海报。她经常把自己锁在房间里,自己一个人反复听那些歌,还会大声唱出来。她总是一遍一遍地唱,我当时真是要被她逼疯了。但是妈妈会说'让她唱吧,她就喜欢这个'。现在回想起来,她就是这样训练出来的。她以前总是站在她卧室的镜子前面唱上好几个小时,直到她觉得满意为止。"

当年很流行的《油脂》里面的歌曲也是苏珊当时的最爱,她也会唱这些歌曲。苏珊知道当年她对汤尼的迷恋和对音乐的痴狂给她带来的是任何其他事情都无法比拟的。

"这是种感情的宣泄,"苏珊说,"虽然我身体有缺陷……但是我必须找到我能做的事情并且用心去做。唱歌就是我擅长的,是我的避难所,哥哥给了我很多唱片。当时真是傻傻地迷恋奥斯蒙德。我经常在我的卧室里听歌,我可以把自己想象成任何人,想象自己为观众唱歌。这里是我的避风港。我 13 岁那年,当我看到有人在电视上唱歌,我就想象自己站在那里为观众唱歌。"

虽然苏珊这个时候就有着这样一个梦想,但是她在学校时并没有得到大家的帮助。有老师很欣赏她,鼓励她多参加学校的戏剧表演,但是很多老师都不会这样对她。像小孩子受欺负这种事最糟糕,但是人们又很少提及的是老师也会充当帮凶。如果有一群动物发现了一个弱小的动物(人欺负人也是差不多的情况),就会产生从众心理。苏珊发现很少有人会鼓励她挖掘自己的才能,她只是大家欺负的对象。

"上学时我经常因为这件事或那件事而被留在学校,"苏珊回忆说,

平静地说起她以前的那些事，"我只是学东西的时候比别人慢点，在这个人人都想学快点的队伍里，你就会掉队。唱歌似乎能弥补这方面的不足。我现在是没有勇气再过那时那样的生活。现在的老师都是经过专业训练的。那时也有那时的规则，每天你都会看到有人挨抽。'闭嘴，苏珊！'啪！在我总受欺负之前，我小时候大多数时间都是很开心的。最糟糕的事情莫过于有个人享有特权，总是欺负你，而你却不知道该如何摆脱。"

她说的没错。如果在现在，她就会被送到有特殊需要的学校，在那里有经过专业训练的老师，他们知道该怎样来帮助像她这样的人。欺侮和鞭打是培养不出艺术家的，只会产生负作用，让苏珊躲到躯壳的更深处去。但是她努力试着走出来，当最终她下定决心摆脱各种束缚，她展现出她以前从没有展现过的决心和精神，但是她还需要努力。

当苏珊长大成人了，虽然她喜欢汤尼，但是在现实中还是没有交男朋友，虽然后来她也有过一段短暂的恋情。她的父母担心那些男人会占他们女儿的便宜，所以很多想追求苏珊的人都没法接近她。

"我的父母不想我找男朋友，所以我从来都没跟谁出去约过会。"苏珊最近说道，"我想我自己也认为这种事不可能会发生在我身上。我唯一觉得遗憾的事情是没有孩子。我很喜欢小孩，希望做一个母亲。"

看着苏珊年轻时的照片，她完全有可能找到她的真命天子。虽然她的头发有点蓬松凌乱，但是如果她梳好了，她是个很漂亮的女孩子。她的内向腼腆，再加上她对父母的顺从扼杀了她品尝爱情的机会。

就这样，一次恋爱也没有谈过，苏珊到了她的青年时期。

苏珊的哥哥姐姐都比苏珊大很多，他们都陆陆续续地从他们布莱克本的老房子里搬出去住了，其中有一个还移民去了澳大利亚，而苏珊一直都和父母住在老房子里。苏珊17岁从学校毕业，但是却没有拿到多少证书。毕业后找了一份工作，这也是她唯一的一份工作——在西洛锡安一所大学的厨房里做见习厨师。但就是这唯一的一份工作也没有持续很长时间。"当时签的是6个月的合同，后来就没有再续约。"苏珊说。她也去参加过各种各样的政府培训计划，但都是无果而终。说实话，旁边的人也没对她抱有什么期望，她是家里最小的、没嫁人的女儿，大家觉得她呆在家里好好照顾父母就好了。苏珊也觉得应该这样，她觉得自己就是个"与拖把做伴的家庭主妇"。

和以前一样，人们很少注意到苏珊，但是却会注意到她的歌声。很多人对她很好奇，其中一个原因就是像她这样有着惊人才华的已经进入中年的人，之前的才华却没能被人发现，但是事实并不是这样。苏珊会去爱丁堡的剧院看音乐剧，也正是在这里她第一次在剧院里观看到《悲惨世界》。第一次看到《悲惨世界》，她就马上爱上了这部音乐剧——"让我呼吸急促。"她这样形容说——也正是这部音乐剧为她多年以后的海选奠定了基础，苏珊在"英国达人"海选时演唱的歌曲《我曾有梦》就是节选自《悲惨世界》。

苏珊的母亲布里奇特明白苏珊具有过人的天赋，于是鼓励她参加

当地举办的选秀节目。虽然从事舞台工作听上去根本就不靠谱，但是苏珊还是到爱丁堡表演学院去学习。但是家里也需要她，最后苏珊还是放弃了学习，回到布莱克本照顾父母。

但是至少她曾经在爱丁堡艺术节上露过脸，这样在她的心里就埋下了一粒种子。之后她便经常在本地一些场合或家庭聚会上唱歌，所以到她参加"英国达人"节目时，她那美妙的歌声在当地已经小有名气了。那天晚上整个国家都在听到苏珊惊人的歌声时都觉得震撼，但是西洛锡安的人可一点也不惊讶。

苏珊也跟过一名声乐老师——弗雷德·奥尼尔——学习，直到今天奥尼尔还在指导苏珊，不过中间中断过一段时间，那是在苏珊的母亲去世以后，有段时间苏珊不唱歌。

在苏珊出名之前，她只去过法国和爱尔兰，唱歌经常是外出旅行时的日程之一。苏珊和她的家人经常去爱尔兰的梅奥圣坛，苏珊会在圣母玛丽亚圣坛的教堂唱歌，她是作为家乡布莱克本的露德圣母教堂朝圣者之一到爱尔兰去，这种朝圣旅程每年组织一次。

梅奥的人和她在家的朋友们一样，都对她拥有这样惊人的歌声感到诧异，当听到她现在获得成功后，他们也为苏珊感到高兴。他们能理解评委们的感受，因为当他们第一次听到苏珊唱歌时，他们也是同样的感觉。

"看到评委当时的表情，我就想起我第一次听到苏珊唱歌时的感

觉。"苏珊教区的牧师贝斯尔·克拉克这样说道，"我被她强有力的嗓音和优美的歌声所震撼。每个第一次见到她的人都会有相同的感受。我从没见她唱得不好过，虽然压力太大的时候她也会忘词儿。当她站起来唱歌的时候，你要么会沉浸在美妙的感觉里，要么你就是觉得怪怪的，因为你知道她有学习上的障碍。也就是说在这个有缺陷的躯体里隐藏着一副绝妙的嗓子。这两者形成了鲜明的对比。当她出现在电视上，她的行为举止很奇怪，大家都想看她出丑，当她开始唱歌时天籁般的歌声在耳边回荡起来——这就是苏珊。"

苏珊曾经谈过一次恋爱，唯一的一次，但是苏珊并没有指出到底是在什么时候。虽然没有过密的关系，但是双方对待这段感情都很认真，曾经讨论过订婚的事情。在"英国达人"预选结束后，苏珊感到很难为情，因为之前她说她从来没接过吻，后来她坦称她当时只是开玩笑，她曾经也有过一段爱情故事，只是这段感情没有维持多久。

"以前我有过一个男朋友，他叫约翰。"苏珊对《每日镜报》说，"在交往了7周后，他向我求婚，还带我去见他妈妈。他妈妈跟我说我们的厨房会是怎样的，我们会有怎样的冰箱，但是我们只亲过对方的脸颊。最后他临阵退缩了，我很难过，觉得自己魅力不够。这时你会觉得被生活抛弃。但是我想也许以后会碰上更好的人。我比较乐观。"

可怜的苏珊。但事实上，在那以后事情没有想象的那么顺利。虽然她在感情上遇到了挫折，但是现在她用她那美妙的歌声打开了通往职业歌手的大门。但问题是她接下来该怎么做呢？

在娱乐界还没有过像苏珊这样背景的先例,再加上她的外表也不符合这一行的传统标准。苏珊有了这么大年纪,她不太注意自己的外表,因为她自己根本不在意,别人更没有在意这些。家里人都亲切地称她为华泽尔·古米治,在苏珊年轻漂亮时大家这样称呼她倒没事,但是现在年纪大了,这样的称呼会让她觉得难受。

"她从没有因为自己的外貌而操过心。"杰拉德说,"她不化妆,也不穿那些花哨的衣服。并不是她不在意,只是她不明白为什么其他人要在意她看上去怎样。每次我或姐姐看到她就会说'哦,苏珊,你应该梳梳头发'。但是她总是不放在心上。"

苏珊这种态度是值得称赞的,但是也会对她产生阻碍作用。在我们这个肤浅、以貌取人的社会,人们都是用他们所看到的东西来评价你,娱乐圈更是如此。苏珊后来似乎有点意识到这些,在1995年,当时苏珊33岁,她去参加了迈克尔·巴里莫尔的节目——"我这样的人",这是她第一次真正地尝试突破自己。她当时穿着一件粉红色毛衣,头发也梳得整整齐齐,看上去比她在参加"英国达人"海选时打扮要漂亮很多。

虽然现在大家可能已经忘记了,但是1995年迈克尔·巴里莫尔是英国当时最受欢迎的艺人之一。也正是在这一年,他和妻子绮丽尔分道扬镳,这也导致了他的事业日渐衰弱。在当时巴里莫尔这个节目的标志就是他跟观众以及表演者之间的配合,他会在后面做出各种搞怪的动作戏弄表演者,这也是唯一能解释他那样对待苏珊的理由。

本书前面也提到有一盒录像带,这盒录像带录下了苏珊在东基尔布

莱德的奥林匹克购物中心参加"我这样的人"节目时的演唱现场。现在这段录像已经被传到网络上,虽然录制时间很短,只有 1 分半的时间,但是摄像机大多数时候都对着背后搞怪的巴里莫尔,而不是对准正在演唱的苏珊。她当时唱的是选自《巨星耶稣》中的歌曲《我不知道该如何爱你》,她的声音还是这样空灵剔透,但是巴里莫尔似乎一点也没有觉察到。

巴里莫尔只是在后面边做手势边说些什么, 后来还躺在地上,滑到苏珊脚下试着往苏珊的裙子底下看。苏珊看上去很平静,用脚把巴里莫尔踢开,然后蹲下对着他唱歌。巴里莫尔刚开始没有配合她,但是后来他们俩都站了起来,巴里莫尔靠近麦克风和苏珊一起唱完最后几个词,便抱了抱这个受惊的女士。这个录像没什么意思,但至少证明有人亲过苏珊。

那一次的尝试就这样结束了,她没有获得她想要的成功,如果不是 14 年后她终于获得了全世界人的喝彩, 也许没有人会记起这件事。当她成为了人们关注的风云人物,这段录像被传上了 YouTube,巴里莫尔成了众矢之的。

"典型的巴里莫尔风格,"网上有篇文章这样写道,"我还记得一些关于这个节目的事情,我记得只要节目中出现任何有才能的人,他都会把表演搞砸。他不喜欢别人抢掉他的风头,生怕别人觉得他才是个没才能的人。现在看看谁是笑到最后的人。"

另一个人说:"真是猪狗不如, 竟然想用这种方式掩埋苏珊的才能。"

有位记者指出，经历过这样一场选秀节目，苏珊还能再次冒着有可能被凌辱的危险来参加节目，这更需要勇气，"是什么样的勇气支撑她来参加"英国达人"？有过这样一段经历，我觉得需要很大的勇气。"

在参加"英国达人"后，她对曾经发生的事情很不以为然。她说："我当初参加"我这样的人"只是觉得好玩，我在当地也会唱歌，但是不会出现很强烈的反响。"

我们今天看来，"我这样的人"节目制作人显然错失了一个好机会。但是大家一直想不通的是为什么过了这么久苏珊的才能才被人们发现。现在她在她家乡那边可是很出名了，每个观看了她演唱视频的人都感到极其惊讶。苏珊不仅会在卡拉OK比赛中唱歌，在教堂、家庭聚会或其他场合，她都会为大家演唱，但是她的唱歌天赋直到现在才得到人们的认可，唯一可能的原因就是她跟人们想象中歌手的样子不一样。

几年后，苏珊又有一次机会，她录制了一张义卖单曲。这也可能让人们发现她的才能，但是苏珊在这个阶段似乎总是错失这些机会，人们没有意识到她有着一副多么惊人的嗓音，即使有人听过她唱歌，他们也没有意识到其中潜藏的商业价值，但至少有人曾经尝试着用她出色的才能来赚钱，但是也仅此而已。

1999年在惠特本学院录制了一张义卖的迎千禧碟片，"X因素"的冠军利昂·杰克逊曾是这个学校的学生。录制这样一张碟片的想法是当地报纸的编辑埃迪·安德森提出来的，由惠特本社区委员会提供资

金赞助录制的。为了找到那些潜在的有才能的人，他们也是通过试唱来挑选录制碟片的人选。

苏珊也去试唱了，在人群中脱颖而出成为他们录制碟片的人选。埃迪看到苏珊在"英国达人"中取得胜利后说："当时听到她唱歌就让我很震惊，跟大家上周六的感觉可能差不多。她身上真是隐藏着独一无二、令人难以置信的才能。"

在录制这张光盘时苏珊唱的是《泪流成河》，这张光盘只发行了1000张，现在成了收藏家们的目标了。虽然以前有这么多人知道她的歌声是多么美妙，但是一直到10年后她才获得成功，被人广泛关注。前段时间有人说是"英国达人"的制作人特意把苏珊安排在他们的节目中，但是事实是：在没有人关注她、鼓励她的情况下，她一直鼓励自己向前走。她一次又一次地去尝试，但都无疾而终，没人认真对待她，更糟糕的是，苏珊还要忍受像迈克尔·巴里莫尔这样的人。

除了她母亲外，几乎没有人给予她鼓励，可是她依靠内心的渴望和动力一直都在努力，这真是太难以置信了。很多人谈论她有学习障碍，但是真正让她获得成功的是她的决心和信心。我们可以说是西蒙·考威尔让苏珊获得了全世界的关注和赞誉，但是让她走上这条路的是她自己。

但是在获得最后的胜利之前，她还要经受很多痛苦和折磨。

EXTRA!!! The Times EXTRA!!!

悲剧与成功

　　在苏珊接近 40 岁时,成功似乎离苏珊越来越远。每遇到一个机会,她都会努力去尝试,但全都是无果而终。90 年代后期,她似乎做了最后一次尝试,用自己攒下的钱录制了一盘样带,上面有她唱的《泪流成河》和罗贝塔·弗莱克的单曲《致命温柔》,她把录制好的 CD 寄给她几个朋友。如果她是想用这种方式获得成功,那这只会

以失败告终。像上面提到的迎千禧碟片一样，这些 CD 现在也成为收藏爱好者的收藏对象，但是在当时对于她进军娱乐界一点忙也没帮上。

接下来的时期对于苏珊来说是最困难的时期。1999 年她父亲去世了，18 个月过后，和苏珊很亲密的姐姐凯瑟琳也去世了，这对苏珊的打击很大。"凯瑟琳去世对苏珊打击很大。"她的哥哥杰拉德对《星期日镜报》说，"苏珊跟凯瑟琳很亲密，凯瑟琳一直都很宠苏珊。2000 年凯瑟琳因患哮喘去世。父亲去世让她很伤心，但是父亲年纪也大了，该经历的都经历过。"

对苏珊来说，这就像是一个时代的必然，苏珊身边的人变少了。在这么短的时间里失去两位如此亲密的人，这简直就是个灾难，因为他们两个都曾是她的保护伞。在小时候，因为苏珊自身的一些问题，她的家人总是保护她，可是现在这样的人越来越少了。苏珊的其他哥哥姐姐都很喜欢苏珊，也很关心她，但是他们都结婚了，有了自己的家庭，他们有他们自己的责任。

苏珊的生活很平静，照顾母亲，担当路德圣母教堂的志愿者，在这里苏珊每周都会去拜访一些年纪大的会众。"我没有工作，所以我们依靠妈妈的退休金和我的那些福利津贴生活。"苏珊在接受《每日记事》采访时说，"日子过得不是很好，但是过得很开心。我的父母总认为我跟他们一起住比较好，这样他们就能确保我的安全，这也是为什么我从没约过会，也没有男朋友。爸爸妈妈都不希望我交男朋友，他们怕我会受欺负。慢慢地，我也觉得我交不到男朋友。"

她们的生活很节俭。苏珊和她的母亲一向都很亲密,现在她们比以往更依赖对方。以前住着12个人的房子里,现在只剩下她们两个人,她们都是对方感情的依靠。布里奇特肯定很担心苏珊,因为她知道一旦她去世了,就没人照顾苏珊了。苏珊从没离开过家,从没有独自生活过,只在十几岁时在外面呆过短短的6个月时间,或者可以说是工作了一段时间。住在附近的哥哥姐姐也可以关照关照她,当地的教堂也会帮助她,但是布里奇特肯定还是担心。在她最后几年里,她尽可能地确保她的女儿能过得稍微舒服一点。她会把房子收拾得干干净净,因为知道苏珊可能不会经常关注居住的环境,为要到来的一切做好准备。

"在她的病恶化之前,她就开始为我存钱,把房子里的地毯啊什么都换上新的。"苏珊后来回忆说,"我问她买这些干什么,她就会说'苏珊,我不可能永远跟你在一起,我年纪大了'。我当时不知道她为什么这样说,直到她去世了我才明白。"

布里奇特2007年去世了,这是苏珊一生中最低落的时候。她那时已经45岁了,和母亲有种剪不断的情结,也不像她的哥哥姐姐都建立了自己的家庭。虽然一直以来苏珊都想让别人注意到自己,但是最后发现她还是一个人,没丈夫,没工作,也没有什么盼头,她当时肯定觉得她的未来是一片灰暗。

过了很长时间,苏珊才回过神来,明白发生了什么事情,在接受《每日邮报》采访时,她回忆道:"2007年2月,妈妈因为脱水被送进医院,

她要过世了。周围发生什么她都不知道,她就像是换了个人,我不敢相信躺在那里的是我的母亲。她很漂亮,很热情,很善良,也很能说。"

"看着你爱的人去世,那是个不同寻常的经历。人们去世的时候,他们只是睡着了。我握着她的手,几分钟后,她过世了。我不知道到底发生了什么,但是她好像看到了什么,她笑了。我不知道她看到的是圣母路德还是爸爸,不管是谁,她似乎在说'好的'。她微笑着离去了,去到她自己的那个世界。现在我说这些没事,但是一年前我一说起就会变得很激动。"

过来很久,苏珊才能面对母亲已经去世这个事实。布里奇特最后去世时安详的样子,似乎没有任何痛苦,让苏珊很欣慰,但是她发现她现在是只身一人。这个时候,信仰给了她很大的安慰,而且她的猫"小石头"还陪伴在身边,但是不管你多么喜欢一只宠物,都弥补不了失去父母的空洞,特别是一个跟你很亲密很亲密的人。苏珊感觉就要崩溃了。现在没有人在家里等她,没有人为她挡下那些令人不快的人,这些人总是给她添麻烦。

苏珊讲诉了一段她很伤心时的情形,"我当时很孤单、很难过。"她回忆说,过了很长时间她才有勇气讲述这些事。"刚开始的时候脑子一片空白,你根本不知道发生了什么,觉得身上压着一块一吨重的石头。我的身体变差了,有时候会觉得很害怕,不知道该做什么。吃也吃不好,睡也睡不好,什么事都是别人帮我做好,家里其他人一直在帮我。我觉得我还不够独立,我一直都很依赖我母亲,不过现在帮我的人更多了。"

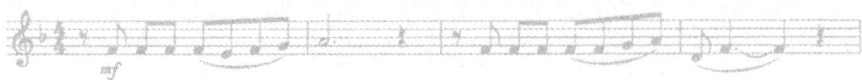

正是因为苏珊这样依赖她的母亲,她才会在母亲去世之后这样失落。从很多意义上说,苏珊没有真正地长大,没有经历大多数人在成长过程中经历过的阶段从而找到自己的生存方式,没有形成一个独立的个人应该有的特性。现在她必须要第一次独自面对这样痛苦的局面,这时信仰给了她很多的帮助,但是母亲的过世仍然让她痛心不已。

"现在当我走进房子里的时候,那里就只有我一个人。"在参加完海选过后,她这样说道,"但是教义上说,虽然她的身体已经不在这里了,但是她的灵魂还在,她已经是我的一部分——她就住在我的心里。想着我们在一起的往事,从某种意义上说我会觉得开心,但是从另一方面看又会很难过,因为你还没有属于自己的生活,母亲肯定不愿意看到我这样。"

布里奇特去世后,苏珊都呆了,过了好一会儿才明白发生了什么事。一般来说,当一个人去世后,旁边的人需要些时间才能接受这样的现实,苏珊就是这样的例子。这种时候一般要安排葬礼、做好计划、清理房间,每当有人去世的时候,人们都要按照一定的仪式来安排后事。苏珊的母亲去世之后,就留下苏珊一个人在这里想到底发生了什么事、她现在该怎么做。这时候每个人都会觉得特别无助。

"妈妈去世之后,过了6个月,我才发现身边除了我的猫再没有任何人陪我,觉得特别孤独。"她在接受《每日记事》采访时说,"如果失去了像妈妈这样亲的亲人,你会觉得你身体的一部分也被带走了,会影响到你的自信。那段时间我不太自信。我总是告诉自己,虽然她身体不在了,但是她的精神和灵魂都还在。这种想法会一直支撑着你。我有信

仰,这是我的精神支柱。"

布里奇特去世后，她要面对的首要问题是她人生中第一次不知道怎么唱歌，这对苏珊来说就是灾难。震惊和痛苦让她连跟外面的世界交流的最后方式都失去了。后来她的邻居们也证实了这一点，在那段时间里，他们很少看到苏珊。因为她不想见到任何人，她不能忍受失去这样的才能，这种才能也许有一天能改变她的一生。布里奇特以前总是鼓励苏珊唱歌，从她还是一个小女孩的时候母亲就这样鼓励她，母亲已经走了，让她再去做这件和母亲紧密联系在一起的事情让她感到更加痛苦。"我母亲去世后，有段时间我不知道该怎样唱歌。"苏珊这样说道，"我心里很难受，一个人呆在家里，做家务，做那些每天都要做的事情。"

最后苏珊明白她的天赋——这副好嗓子——是把自己和母亲重新连接起来的纽带，所以决定努力实现母亲对自己的期望……但是要做到这样很难。她当时的心情让她无法专注地做任何一件事，她不仅仅感受到痛苦，虽然这是主要的感觉，她还感觉自己被世界隔离。在当时苏珊肯定认为自己永远都走不出痛苦的阴影，就像已经走到了生活的尽头。

家人明白她当时会有怎样的感受。"我们其他兄妹都有自己的家庭，但是苏珊还是一个人。"杰拉德说，"在家里就只剩下她一个人，以前家里人多，很热闹，现在就只剩下她。但是慢慢地，苏珊也变得坚强了，她明白妈妈已经过世了，她必须接受这个事实，自己学会坚强。"

母亲去世后她觉得很绝望，再加上不知道以后该怎么办，苏珊就更觉得绝望无助。她不只是不知道怎样唱歌了，而是她自己都不想再

唱歌了，什么想成为另一个伊莲·佩姬之类的梦想都渐渐远去，她一直都在努力追求自己的梦想，可是现在再也没有力量继续了，感觉她的生活就只能是这个样子，年轻时的梦想以及她那美妙的歌声都不曾带给她任何的改变，她看不到希望的影子。

认识她的人也说是这么回事。"她认为自己可以做一个歌手，可是去年她告诉我她不会再唱歌了。"苏珊在"英国达人"胜利晋级后，她的声乐辅导老师弗雷德·奥尼尔在接受《星期日泰晤士报》采访时说，"我记得去年下半年，有一次她打电话给我，说她年纪太大了，唱歌是年轻人的游戏。"但是弗雷德辅导她时是做了长远打算的。"我第一次听到她唱歌时，就觉得她声音很好。我们都希望她能一辈子这样唱下去，尽量唱得最好。"他接着说，"那(海选)只是她一般的表现，她可以唱得更好。"

她当时根本就不想唱歌，在苏珊看来，一切都结束了。但就像黑夜过后黎明总是会到来一样，苏珊也是这样。在一段时间的痛苦煎熬过后，她开始用全新的态度来看待生活。悲恸开始转变为接受现实，苏珊开始思考母亲希望她怎样做以及曾经鼓励她去做过什么。布里奇特希望苏珊做的就是好好唱歌。

不仅仅如此，她还希望苏珊走出去，向世界展示她美妙的歌喉。是的，苏珊曾经努力尝试过，希望能引起人们的注意，但是她并不希望苏珊就这样放弃，她不认为苏珊年纪大，相信她能得到人们的认可。另外，布里奇特还很喜欢观看像"X因素"以及"英国达人"这样的选秀节目，认为她的女儿也可以去参加这样的节目。

"妈妈很喜欢这类节目,还对我说如果我也去参加的话,我肯定会赢。"苏珊对《每日邮报》说,"但是我觉得自己还不够好。直到她去世过后,我才鼓起勇气去参加。那时候真是很难受,我很焦虑,很沮丧。但是黑夜的尽头就是黎明,我想让她为我感到骄傲,唯一的途径就是冒险报名参加选秀节目。"

通过参加选秀节目——虽然参加的是"英国达人"而不是"X因素"——但苏珊认为这样可以实现母亲对她的期望,从而重新建立起跟母亲的联系。因此在绝望中衍生出动力和决心。既然母亲都认为她很优秀,足以去参加这样的节目,那么证明母亲的想法没错也能表达苏珊对她的爱。

还有一些事情给了她鼓励。在这本书的前面部分我们也说过基本上所有的电视选秀节目最后的赢家都很年轻漂亮,连男人都是这样,但是却出现了一个例外,他就是保罗·帕兹。保罗·帕兹,一个平凡人,牙齿参差不齐,但是却在2007年"英国达人"第一季选秀节目中脱颖而出,赢得了最后的比赛。苏珊看了这一季的节目,她发现虽然帕兹长得并不是大家认同的那种帅气,但是他还是赢了。一个想法开始在苏珊的头脑中形成。

"母亲去世后我就待在家里,我在电视上看了'英国达人',也许我也可以去参加。"这就是苏珊的想法。"保罗·帕兹太棒了,他激励了很多人,我想也许我也可以试试。"

抱着这样的态度,苏珊联系了"英国达人"的制作人,并开始做准备。有谣言说是"英国达人"的制作人发现苏珊唱得好主动跟她联系的,但是事实并不是这样。去参加比赛需要很大的勇气,因为苏珊知道在

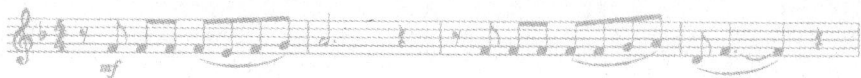

人们看来现在的她一点也不漂亮(虽然她年轻时也很漂亮),并且以前她参加这类节目时，迈克尔·巴里莫尔就用他那种浅薄的方式糊弄嘲笑过她,同时,她也要做好准备面对村子里一些人的奚落。很多人都认为她不可能有任何成就,一直以来她都在忍受人们这种态度。另外,不管她有没有意识到,她都要做好心理准备,因为人们很可能会嘲笑侮辱她。"英国达人"的三个评委可都不是善类,特别是西蒙·考威尔更是以"毒舌"出名,观众也可能会起哄。对于一个像苏珊这样脆弱的人来说,这就像是自己走进熊坑。但是为了她的母亲她还是决定这样去做。

"我知道我想让妈妈为我骄傲,唯一的途径就是冒险参加选秀节目。"她说。苏珊又开始像以前一样自己对着镜子,拿把梳子当麦克风练唱。"每个人都是这样练的。"她解释道,"在节目开始前,我这样练习了好几个星期,每天至少练习一小时。"

这本身就是苏珊自己的突破,她不但重新开始唱歌,还这样认真地练习,不断练习曲调,直到自己满意为止。苏珊找回了一些以前的感觉。唱歌不仅让她能和其他人交流,更向世人证明了她的价值。

苏珊能演唱不少曲目,包括《回忆》《泪流成河》及《致命温柔》,但是她还是决定唱《我曾有梦》以博得制片方的喝彩。这首歌的名字真是太适合了。这首歌讲述的是一个女人梦想的破灭,这个很符合苏珊当时的情形:年将半百,承受了失母之痛,所有尝试走演唱生涯的努力都以失败告终。但是她还是怀有希望和梦想,换作是其他人,他们可能几年前就放弃了。

"英国达人"上映时间虽然是五月,但是海选时间是在一月。苏珊演出时穿的是一件金黄色的长裙, 是她为参加一个侄子的婚礼而买的,"我从当地一家商店里买的,"苏珊说。然后坐车去格拉斯哥参加比赛。"在上台之前我很紧张,我吃了个三明治,然后就走上台去。评委的反应让我很吃惊,真是太意外了,我真的被他们的反应吓到了,当他们那样称赞我的时候我惊讶得嘴巴都合不拢。当时站在那里时的感觉真是太棒了。我很喜欢。"

但是事情并不是一开始就这样顺利。苏珊要赢得观众的支持,上台后刚开始那几分钟并不太顺利。"我走上台时很紧张,"苏珊对《每日邮报》说,"他们问了我几个问题,其中一个是'你希望你自己能成为怎样的歌手',观众中有人说猫王埃尔维斯·普雷斯利。我说'他已经死了,可是我还没。伊莲·佩姬'。我听到有观众在窃笑,然后音乐响起来了,我只管唱我的歌。唱得很好,我觉得很多人肯定被我吓到了。"

苏珊肯定知道当她张口唱歌时会有怎样的反应,但是观众却不知道。如果你去看这段视频(2009 年下载次数最多的视频),你也许能看出苏珊在开始唱之前脸上就挂着一丝微笑。也许她当时是有些紧张,但是那种微笑是胸有成竹的笑容。也许她遇不上合适的机会,但是她的确有才华。最后,她一生的努力终于得到了回报。

我们已经说过了苏珊海选过程中在场观众的反应,但是苏珊等了好几个月,其他观众才发现了这个大秘密。参加完海选后,她很高兴,但是却没人分享这些快乐。她独自一个人回家,但是错过了最后一班

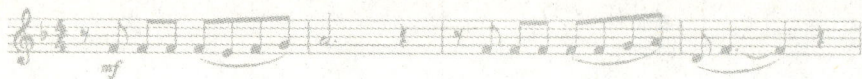

巴士,最后是制作公司付钱让她坐出租车回家,家里"小石头"还在等她回来做伴。娱乐圈最惊人的胜利竟然是以这种方式收尾。

"我到家的时候已经凌晨了,"她接受《每日邮报》采访时说,"我开心极了,就像凯尔特人赢得了苏格兰超级联赛的冠军。不管怎么说,我掏出钥匙打开门,走进空荡荡的房子,一个说话的人都没有,我抱了抱我的猫'小石头',给它喂食。然后就上楼了,把衣服挂好,就上床睡觉了。没有人和我庆祝,一回去就上床睡觉了。我有时候会喝点酒,但是一般都不喝,我喜欢喝上半品脱柠檬水。"

正是这样一些细节让苏珊更富有魅力。跟娱乐界的其他人不一样,她很诚实,但不会总提生活和过去发生的不愉快的事情。这位苏格兰女士引起了一阵轰动,可是她自己却好像什么事都没发生过一样,在房子旁边悠闲地转悠,喂喂她的小猫。也许她自己没有意识到,但是苏珊·波伊尔的生活就此改变了。

当5个月后,苏珊的胜利在人们面前传播开的时候,这个转变成了现实。她首先想到的就是感谢她的母亲布里奇特。"我这样做都是为了我过世的母亲,"她在接受《每日星报》采访时说,"我想向她证明我也能有所成就,希望她会觉得我做得对。她是那种百里挑一的女人,一个独特又贤惠的女士,她教我如何生活、如何做人、在公众场合该注意些什么。"布里奇特还养育了一个可爱、很有才华的女儿。

苏珊和她的哥哥约翰一起在电视上观看了这个节目,约翰一看就觉得这跟平时选秀节目表演不一样,这是以前从来没有出现过的新现

象。世界为苏珊而疯狂。

但是苏珊还是很谦虚。"我觉得还可以做得更好,特别是衣服。"她说话时还是和以前一样实实在在。"我喜欢在洗澡的时候唱歌,因为浴室里的音效更好。"她接受《星期日镜报》采访时说,"对我来说音乐就是我的灵丹妙药,当我唱歌的时候,大家都会接纳我。"

这也是她第一次表示后悔说她自己从没有接过吻。"唉,我当时只是开玩笑,"她解释说,"真的是开玩笑,随口说说的。我只是想说我现在还是单身,还在等待,我现在也不急,过得很开心。这是私事。"

虽然苏珊有学习障碍,但是她也很有尊严,不想因为自己说过那些话,别人就插手她的感情生活。

就像前面说过的那样,海选结束后她就特意去改善了一下她的外表(保罗·帕兹也是这样,他用整牙来庆祝自己取得比赛的胜利),并学习如何面对她一夜成名后的世界。以前从没有发生过这样的事情,即使是保罗·帕兹,当时他也是经过几周的时间名声才传扬开去,而不是像苏珊这次这样一夜成名。事情也很可能不这样发展,当苏珊在台上唱歌的时候,虽然知道唱得不错,但是她从没想过会是这样。

"我知道大家会以貌取人,"她说,"但是我相信我能赢得他们的支持。这就是你该做的,他们也不知道他们会看到怎样的表演。在参加"英国达人"以前,我从来都没有过合适的机会。就是这样简单。你只需要一步一个脚印,坚持下去,不要放弃,有一天你就会成功。"

“我知道他们在想什么，看到大家在笑，我知道他们在笑我。但是我就想，没关系，等他们听到我唱歌后，就会闭嘴。真的就是这样。”

媒体报刊开始争相报道苏珊的事情，分析她引起的现象，分析她吸引人们的原因。大家都说这是灰姑娘的故事，虽然童话中灰姑娘只有十几岁，而不是一位已经48岁的成熟女性。苏珊的故事真正吸引人、造成如此广泛影响的原因是她代表了希望，她的故事告诉任何时候追求自己想要的东西，都不会太晚。苏珊的一生总是遇到这样那样的困难，而且她刚刚遭受了巨大的痛苦，差点把她整个人都毁了，但是苏珊还是成功了，告诉所有那些唱反调的人、宣扬怀疑论的人，还有那些声称如果想要得到成功你就必须年轻漂亮这样的人，告诉他们你们错了。苏珊有自己的梦想，也敢于追寻自己的梦想，正是这样才铸就了她这样让人惊叹的故事，才让全世界的人都记住苏珊这个名字。

这场轰动开始了。“我从来没想过这样的事。有天晚上我像以前一样上床睡觉，可是第二天早上醒来时听到外面大概有30来个小孩在喊我的名字。”她对一位记者这样说道，好像她还不太明白发生了什么事情。“一切就这样开始了。约翰头天晚上还跟我说‘你看你都上电视了，呆在家里，我觉得你会引起人们很大的反响’。他说得没错。”

说到打扮，苏珊还是很朴素。她说：“我很喜欢我现在的样子，胖墩墩的，我不会去打肉毒杆菌素啊什么的。”

她没有这样的想法，到写这本书的时候，她仍然没有这样的想法。苏珊等了很长时间才等来这样一次机会，她也知道走到今天是多么不

容易。在母亲的激励下，她用行动向每个脆弱的中年人表明每个人都可以有光明的未来,既然她能做到,那么其他人也能做到。但是也有不好的地方:她会害怕,害怕失去刚刚得到的这一切。她后来也说正是这种害怕让她很焦虑,以至于最后送到修道院诊所。人生中第一次,苏珊拥有这么多东西。

现在苏珊每天都会和记者们聊天,邀请他们进屋坐坐,和他们讲讲发生在她身上的这些不可思议的事情。"这周实在是太不可思议了,我现在也是走一步看一步。"苏珊对其中一位记者这样说道,"在哥伦比亚广播公司唱歌真是太令人激动了,帕蒂·卢博恩给我提建议,给我鼓励,太激动了。她是个出色的歌手。我当时也很冷静,很放松,就像平时唱歌一样,不觉得紧张。今天晚上我就呆在家里,吃些薯片和鱼。"

帕蒂·卢博恩啊! 苏珊现在来到了一个不同的世界,这里有这里的规则。虽然那些认识她很爱她的人都担心她受不了这么大的压力,但是结果并不是他们想的那样。也许苏珊确实是动摇过,但是还没有被击败,她心中有股力量支撑她面对接下去几周或几个月将会发生在她身上的事情。在巨大的压力面前,她没有被压垮,没有被击碎。她征服了英国人,也征服了美国人,很少有英国艺人能取得这样的成就。

知道是什么激励着苏珊跨出第一步,就能更好地理解为什么她表现得比人们预期的要好很多,就能理解为什么在承受这么大压力、在几近要崩溃的情况下她能鼓起勇气继续前进。苏珊参加"英国达人"是为了她的母亲,而且取得了巨大的成功,她不会让母亲失望的。

踏上新的旅程

　　6 月上旬,苏珊返回布莱克本,受到了家乡人民
的热烈欢迎。虽然她在"英国达人"决赛时只拿到第
二名,但是丝毫没有影响到乡亲们的热情。很多地方
报刊都通过自己报纸的专栏告诉读者,苏珊
的梦想不会就此结束, 这只是一个新的开
始。苏珊终于又和家人和"小石头"团聚了,
但是随后又一次从大众的

目光下消失了,以便让自己更好地恢复。她没有再待在自己家里,因为媒体和歌迷会不断地找上门来,她现在很显然应付不了这些。

唱片的事也终于有眉目了,只要苏珊身体能承受,就可以着手制作唱片的事宜了。西蒙·考威尔也盼望能早点和苏珊签合同,但是他一直都对苏珊说她可以自己作决定,因为有些媒体认为回到以前的生活对苏珊来说是最好的。但是苏珊似乎不这么认为,但是她到底会做出怎样的选择目前还不明确。

"对她来说,最好的治疗方法就是和她的小猫和家人待在一起。"西蒙在接受《世界新闻报》采访时这样说道。他说得没错,但是苏珊平时很少到处走动。她雇佣了一个医生——莎拉·洛特佐夫医生——来专门照顾她。有人看见他们在利昂一起逛街,现在苏珊看上去好多了。苏珊说,呆在修道院诊所的那段时间就像是"放了几天的假。我要去拥抱整个世界。不要多废话,我现在袖子卷起来了,准备好了"。

苏珊的哥哥格里也说她现在感觉好多了。"我跟苏珊聊了会,她现在很兴奋,对未来也充满信心。"他在接受《世界新闻报》采访时说,"她告诉我说'不用担心,我现在过上了自己想要的生活'。她说她现在感觉好极了,想这个周末就回家来。她总是咯咯地傻笑,听起来好像很放松。苏珊就是这样的。她的情绪总是起起伏伏,现在她已经出院了,希望她一切都好。"

但是人们还是很担心,担心苏珊不能参加"英国达人"巡演。上次因焦虑攻击她住进了医院,虽然她恢复得很快,但是这并不表明她现

在能经受得起很大的压力和打击,所以人们开始争论苏珊应不应该参加巡演。虽然苏珊是人们最想看到的选手,但是如果她不想参加的话,她没有义务必须参加巡演。不是说你每发现一个具有天赋的人,你就要让她累得筋疲力尽。显然苏珊是一个需要特殊照顾的艺人。

"英国达人"的三位很关注苏珊的精神状态,因为有很多人认为他们应该为发生在苏珊身上的这些事负责。说实话,虽然西蒙·考威尔对苏珊是有些责任(他也履行了自己的义务),另外两个人的角色实在就有些犯糊涂。皮尔斯把自己当做苏珊公开的保护人,但是阿曼达跟苏珊并没有很直接的联系,她只是说苏珊的成功很可能对她的职业发展有帮助。

"你要知道,我只见过苏珊三次,只能就我见到的情况发表自己的意见。"阿曼达在接受《每日邮报》采访时说,"她真是太特别了,很有趣,有时候的行为是有些奇怪,但是并不荒谬怪诞。人们总说她的精神有些问题,我不这样觉得。是的,她一直都在努力做好每件事,每个人都会这样。她现在病倒了,是因为那些记者总是烦她,不是每个人都能承受得了她现在承受的压力,我觉得谁都承受不了,就是皮尔斯、西蒙或是我都承受不了,更何况她的生活背景是这样的。最后,她住进了修道院诊所,但她只是去那里疗养休息一段时间。她会成为一个大明星,不过很讽刺的是她这次比赛只拿到第二名,而且还要疗养一段时间。"

那么苏珊做好准备参加巡演了吗?苏珊自己想去,她一直都在等待这样的机会,现在机会好不容易降临了,她可不想错过。洛特佐夫医生给了她很大的帮助,24小时无限制地接受苏珊的咨询。苏珊只会在

苏格兰待上一小段时间,过不了多久,她就会回到伦敦准备巡演,不过这一次她会带上"小石头"。

巡演的第一晚是安排在伯明翰国家室内体育馆,苏珊让观众极其兴奋。在开始演唱前,苏珊对歌迷说:"我现在感觉好多了,谢谢。我很期待这次的演出。"上台后,英国 ITV2 电台安排的"英国达人了"主持人斯蒂芬·马尔赫恩做开场白介绍时说苏珊"现在在全世界都很出名,以至于她的小猫'小石头'都成了明星"。苏珊当晚唱了《我曾有梦》以及《回忆》两首歌曲,观众都给予热烈的掌声。如果我曾经怀疑过人们对她的喜爱,那么现在她就再也不会有这样的疑虑了。

很多人都关心苏珊会不会参加整个巡演计划。"说实话,我也不知道她会不会全程巡演都参加。"斯蒂芬·马尔赫恩在接受《人民报》采访时说,"巡演还要进行 25 天,我们不知道她会不会全程都参加。她这次也是正好赶上开场,我们当时都不知道她今晚会不会出场。她很紧张,我当时站在那里根本不知道到底是怎么安排的,但是我还是做好了准备。我知道她会在台上演唱 20 分钟左右,她让全场观众都沸腾起来了。谁知道接下去的巡演会发生什么事情?"

但是还是有迹象表明苏珊的状态还不是很好。在谢菲尔德剧场举行第二场巡演时,观众还是像以前一样喜欢她,但是苏珊在演唱时出现了问题,她忘词了,忘记了《回忆》的歌词,这首歌她可是能倒背如流,但是她看上去也不像是怯场,她还是没有从之前的紧张感里走出来。

苏珊还想尝试参加第三次巡演,但是医生告诉她她需要休息。苏

珊从修道院诊所刚出院一周,就来参加这次巡演了。虽然当时她看上去好了很多,但是她还是很累,需要好好休息一下。最后,让她觉得遗憾的是,她被人从曼彻斯特演唱现场带走了。

这里并不是故意忽略苏珊现在的身体状况,但是她的这一举动的确让她看上去更神秘。现在她不像之前人们认为的脾气暴躁的大明星,但好像也有十足的明星派头——一直等到最后才公布上不上场,在最后时刻才宣布不能参加演出。虽然苏珊这次的情况有点特殊,有自己的难处,但是关于她"到不到场"这样的猜测还是占据了报道的新闻头条,大家都在谈论她很脆弱,现在脆弱也成了苏珊吸引人的因素之一。不管怎样,苏珊一直都在努力,努力成就了今天的她,而大家都知道,这对她并不会产生坏的影响。

现在巡演已经演到了苏珊的家乡苏格兰了,大家都在议论纷纷,猜测苏珊会不会出现在格拉斯哥的舞台上。答案当然是肯定的,因为这是苏珊参加海选时的地方,也是她成就明星梦的地方。在她还没有开始唱歌之前,9 000名观众全体起立为她鼓掌。这一次苏珊的演出十分成功,这些人都是她的同乡,苏珊当然不会让他们失望。

这次她的外表和以前相比又有了很大的改善,她穿着一件微微发亮的灰色长礼服,头发清爽整洁,整个人容光焕发。当苏珊上台的时候,觉得她生来就是个歌手。演唱时她看上去很高兴,在场的观众也让她很兴奋,还几次向观众做出飞吻的动作。她没像以前那样扭屁股了,而是像其他艺人一样向观众鞠躬。很难想象,她博得世界喝彩的那第

一次演出竟然只是两个月前的事,在这么短时间里竟然有着这样大的转变,这真是太惊人了。一位明星真的诞生了。

在演出进行的过程中,西蒙·考威尔正在英国早安电视台亮相,介绍他的另一档节目"X因素",在访谈中他当然不会忘记谈谈他最出名的门徒苏珊。他公开说到苏珊承受的压力,并且承认即使苏珊放弃参加决赛他也能接受,他已经做好了这样的心理准备。

"每个人都在写有关她的事情,她是人们关注的焦点,要应付这些很难。那时候我甚至跟她坐在一起聊过天,我对她说'如果你觉得承受不住了,你可以不去参加决赛,没有人会逼你去'。"西蒙说,"你可以做你自己想做的事,没有人会强迫你。她看着我的眼睛,对我说'不,我想赢得比赛,我要试一试'。所以我们就做了这样的决定。我认为她自己很想参加决赛,但是直到发现她输了的时候,你才突然想到'她如何承受这样的结果?'她的确也非常非常难过。这个时候你根本就不知道事情会发展成怎样一种情况,也不知道她是不是能承受得住。我不愿意在节目开始前就让选手们去参加心理测试,我觉得这是种歧视。"

在谈到演唱会和苏珊缺席曼彻斯特演唱会这些事,西蒙和其他人一样,也不确定苏珊会怎么做。"我真的不知道她会怎样做,"他说,"我们每场演唱会都会安排十到十二个节目,但是每个人——包括我——都是这样说的:'我们不会强迫她参加演出,但是希望大家能尽情欣赏节目。'我们也很难做。"

苏珊现在有了自己的代言人,该代言人说苏珊缺席曼彻斯特那场

演唱会只是因为她太累了,任何安排巡演的演出者都需要有一定的体力,可是很显然苏珊以前从来没有过这样的经历。趁着大家都很喜欢参加巡演的各位选手,组织方尽量把巡演时间安排得比较紧凑,买票前来观看的观众可能会不太在意,也许会忘记组织者是因为苏珊推迟了演出时间。那么像苏珊这样以前没有太多磨练的人,就必须要满足日程安排上对她的要求。也许苏珊是很累,但还没有迹象表明她要崩溃了。现在苏珊才开始意识到她的梦想正在慢慢转变成现实。

苏珊显然想给家乡的人们一场视觉盛宴。参加完格拉斯哥的演唱会之后,巡演地点转移到爱丁堡,在这里,苏珊一登台,观众就开始歇斯底里地尖叫喝彩。与此同时,有可靠消息表明,苏珊已经和考威尔签订了制作唱片的合约,由西蒙的赛科唱片公司制作。当时人们就确信这张唱片会很畅销。

巡演的制作方对苏珊十分照顾,其他的选手去各地巡演都是坐在旅游巴士上,但是苏珊坐的是豪华轿车。最后她也慢慢习惯了和歌迷打照面。虽然她参加巡演期间经常会看上去很累,但是她还是会向歌迷招手,如果可以的话还会给他们签名,和那些等着见她的歌迷打招呼。决赛前表现出来的那种抵制情绪已经完全消失了。现在大家都知道她一直在努力,不管她的努力会有怎样的结果,都让人敬佩,也让人怜悯。

不幸的是,苏珊无法参加在威尔士卡迪夫举行的那场巡演。有报道说苏珊有一半巡演都没到场,更合理的看法应该是苏珊努力让自己

出席了一半的巡演演唱会。苏珊现在的生活和以前的生活完全不一样，她能够这么快地适应过来真是个奇迹。私人豪华轿车、五星级宾馆、尖叫的歌迷还有热情的观众，所有这些，以前苏珊都没有碰到过，虽然其他表演者也有这样的待遇，但是他们和苏珊的所处的环境不一样。考虑到苏珊的实际情况，她现在的表现真的非常不错。

西蒙·考威尔一直都很关注事情的进展。苏珊现在已经和西蒙的公司签约了，西蒙肯定能从中获利，如果苏珊能够长期在娱乐界发展，他和苏珊都能赚到一大笔钱。从道义上说，如果谁要为苏珊发生的巨变负责的话，那这个人也是考威尔，所以他觉得他要照顾好苏珊。

在人们大肆讨论苏珊该不该参加巡演过后，考威尔承认在节目进行过程中出现了一些问题，特别是大肆宣传了苏珊的表现，但是最后她却未能赢得比赛。但是这很难说是他的问题，苏珊热完全是在世界各地自发形成的，而不是考威尔编排的一场演出，相反，苏珊在比赛过程中得到了更多的支持。

在决赛现场，当听到街舞组合"多样化"赢得了冠军后，我看了看苏珊的表情，然后想："天啊，她该怎么面对输掉比赛这个现实。"考威尔在《星期日镜报》中写道："那时感觉很糟糕。然后，我走上去给了她个拥抱，并确切地对她说'苏珊，我答应给你录制一张唱片，现在这个承诺还是有效'。然后我们都说以后要好好合作，她的演唱生涯不会到此结束，说完我就离开了。我记得那天晚上我还喝了点酒，想放松放松，但是还是觉得有些不踏实，感觉不对劲。后来还真出事了。"苏珊住进

修道院诊所就是证据。

　　说起苏珊引起的一些问题,考威尔也很坦率。心理承受能力弱的人应不应该来参赛?名誉是种奇怪的野兽,它一开始对你很友好,但是也会变得很残忍。但是西蒙和皮尔斯都认为虽然苏珊经受了很多的困惑和折磨,但是比赛给她带来的好处远比带来的坏处多,不管怎样,她的确实现了自己一生孜孜追求的梦想。

　　考威尔还和苏珊的家人进行了协商。"上个星期,在我伦敦的办公室,我和他们见了个面,问他们'我们这样做是对还是错',"他说,"我的意思是在苏珊觉得很有压力的情况下,我让苏珊继续参加比赛这样对不对。然后他们都一致认为我做得没错,他们都说一直以来苏珊就喜欢唱歌,呆在家里的这几年她一直都希望有这样一个机会。我们就是为她提供了这样一个机会。"

　　身边的人都很照顾苏珊,这是为了苏珊的健康着想,以后可能要一直这样留心她的健康状况。这让人想起一件和苏珊无关但有些相似的事情,有一年,参加"X因素"的选手中有一名50多岁的女士,她公开声明如果进不了决赛她就要自杀,这让大家都很担心,不知道应不应该让这种无法适应出名的人出现在聚光灯下。很多事实都表明这些人应付不了出名后出现的状况。

　　不管以前发生了什么,这次苏珊处理得很不错。媒体还有人认为苏珊不应该参加巡演,但是事实是苏珊本人很想参加,让她最郁闷的事情就是她没法参加。她又错过了一场在诺丁汉的演出;但是按照计

划,她会出现在温布利演唱会为大家演唱。

"苏珊心情很沮丧,因为她觉得让歌迷失望了。"苏珊的代言人说,"但是她保重自己的身体也会让歌迷们觉得欣慰。她总希望自己能在巡演时为观众献唱,但是她太累了。现在她正在伦敦修养,她很乐观,希望能早日重返舞台,对于周日的这场演出她也很期待。她太喜欢唱歌了……她生来就是唱歌的。如果你告诉她她需要休息,不能参加演出,她会十分沮丧。有很多歌迷都很支持她,每次她上台唱歌,观众都会站起来为她鼓掌,这让她很感动。"

苏珊如期参加了在温布利的巡演,很显然,她享受在台上的每一分钟,希望她的梦想能一直延续下去。现在苏珊不仅要操心巡演的事,因为她还和考威尔签订了唱片合同,她要选曲目,还要录制唱片。他们开始忙开了,西蒙声称苏珊在唱片里唱的每一首歌他都很喜欢。"她在录制唱片时唱得太好了。"他这样说道,但是却没有透露有关唱片的任何细节,"里面的歌曲不是舞台剧音乐,也不是很通俗的歌曲,但是都很不错。她录音时声音很好听,我现在只要慢慢来就行。她很开心,我觉得这个过程对她来说是种享受。太好了,现在事情慢慢好起来了。"

现在情况的确是好起来了。大家好像也忘记了苏珊的外表和她的声音有很大的差距(但是说实话,苏珊现在一点也不像那个参加海选时的苏珊·波伊尔了),但是还是被她那离奇、令人痛心的经历所感动。很多人都打算组团去布莱克本,他们大多数是为了去看看苏珊。特别是那些美国的歌迷,更是对任何跟苏珊的事情着迷。

关注苏珊的不仅仅是美国人。出生在法国,但是长期呆在格拉斯哥的艺术家拉蒂希·桂尔博德6月份为苏珊画了一幅性感油画,引起一阵骚动。在这幅油画中,苏珊身穿三点式爆乳半裸上阵(在现实生活中,苏珊穿衣服都很传统,不可能会穿成这样),她还一边抽着一根雪茄,带着手套,一只手拿着缎子钱包,另一只手摸着戴在脖子上的珍珠项链,大腿上文有"S"形的刺青,在她旁边摆着一个冰桶,里面浸着一瓶香槟。

这种画法很新奇,桂尔博德解释道:"在我看来虽然她不是世界上最漂亮的女士,但是她声音很动听,很有歌唱天赋,已经是个大红人。我觉得有义务用自己的风格来描绘她,让她看上去和她的声音一样性感、富有魅力,从而展示出她野性的一面。"

这幅画完全没有恶意,以前从没有人把苏珊画成这样,不过也无伤大雅。但是一些歌迷,特别是美国的一些歌迷对于把他们心中的偶像画成这样很生气。苏珊的歌迷很多,其中有一部分是很虔诚的基督徒,桂尔博德把他们的偶像画成这样让他们很愤怒,甚至还威胁桂尔博德。美国德克萨斯州的原旨派基督教信徒甚至组织信徒给桂尔博德发邮件抗议,其中有一封邮件写道:"这幅画是对上帝珍爱的孩子的一种亵渎,画家应该被钉上十字架作为惩罚。"另一封邮件说:"苏珊是个天使,她永远不会穿成这样。桂尔博德应该请求上帝的原谅,祈祷不要受到处罚。"

拉蒂希看到这些邮件很吃惊。"我画这幅画没想过要侮辱或伤害别人,"她辩驳道,"我也是苏珊的歌迷。刚开始看到这些邮件时,我真是吓到了,他们有些人威胁我。在一周内,有成千个人点击了我的博

客,给我发电子邮件,其中有 200 封左右都写得很过分。他们是德克萨斯州人。"但不是每个人都这样看待这幅画,到现在这幅画还挂在格拉斯哥的艺术画廊,还同时贴到拉蒂希的网站上了。

所有这些例子显示出苏珊的影响力,苏珊不仅让全世界的人都为她着迷,而且对很多人都造成了影响。"英国达人"的评委之一阿曼达也承认,正是因为苏珊,她在美国的发展也越来越成功。刚开始很多节目对她进行采访,打听有关苏珊的事情,后来很多电视公司继续聘用她做其他的节目。上帝也会教训那些抨击苏珊的人,沙龙·奥斯本就曾说过诋毁苏珊的话,后来她不得不很没面子地承认自己错了并道歉。人们都不喜欢听到这样诋毁苏珊的话。苏珊承受能力不是很好,但是却才华横溢,大家都想要保护她,不过有时候也保护得太过了。

保罗·帕兹还是继续关注苏珊现在的发展状况。他们两人都知道人们总把他们拿来作比较。如果什么时候他们能够合作的话,应该能赚到不少钱。人们关注苏珊的强度远远胜过当年媒体对帕兹的关注,如果要处理好苏珊现在需要面对的情况,帕兹都没有信心,他说:"她的表现很出色,成功应付了媒体给予的关注,如果这些事发生在我身上,我都不知道自己能否应付得过来。"帕兹还说他希望以后能有机会和苏珊合唱,但是他也说现在谈论这些还太早了,"我不想再增加苏珊的压力,"他解释说,"很显然,这些压力让她很累,我只希望能让她好好休息一下。"

但是苏珊好像不太在意这些。也许承受这些压力很难受,但是要她放弃现在的一切会让她更难受。

苏珊看上去越来越漂亮了。7月的时候苏珊坐飞机去美国参加"今日秀"节目，美国总统奥巴马更改了自己上电视做保健演讲的时间，因为原先的时间跟苏珊接受采访的时间冲突了。现在苏珊看上去优雅了，穿着一身蓝色的长礼服，头发修剪得更加整齐，妆化得也比以前更细致，而且好像还瘦了不少。节目的主持人梅雷迪斯·维埃拉问她是不是特意打扮了一下。

"是稍微打扮了一下，"她不好意思地说。

苏珊也谈到了她小时候被人欺负的情形。"小时候我过得也不是很好，因为在学校有人欺负我，"她说，"人总是很容易被同龄人欺负，我就是那种不会反抗的人，但是挺过来了，我现在不在意这些了。"

维埃拉还问一举出名是怎样一种感觉，苏珊说："很开心，觉得难以置信，这种感觉很难用语言来形容，任何经历过的人都不会忘记这种感觉……说实话，在这样优秀团队的带领下，我现在能客观地看待事物了，不会像以前那样纠结。从默默无闻的人变成一个名人就像是进行一次长途旅行，你永远都不知道会怎样结束。我希望这样继续走下去。"

这些话应该足以让那些对苏珊持怀疑态度的人闭嘴，可是他们还是不善罢甘休。他们认为苏珊回到之前那种默默无闻的生活对她来说会更好，但是他们再怎么说也无济于事，因为苏珊不赞同这种看法。这些人表现得好像对苏珊很了解、知道对苏珊来说什么是最好的，还有些人继续宣扬苏珊根本应付不了现在的状况。而苏珊继续飞行穿梭于大

西洋两岸,一次比一次更优雅更漂亮。这些怀疑论调者没有意识到的是他们现在对待苏珊的态度跟在苏珊展现出自己的才能前人们对待苏珊的态度如出一辙。一直以来大家都告诉苏珊他们知道怎样做对她最好,现在她第一次有机会自己做主,她对现在的生活似乎也很满意。

不管怎么说,能够让美国总统重新安排日程的人是不可能昙花一现的。"今日秀"录制了一期伊莲·佩姬的专题节目(众所周知,伊莲·佩姬是苏珊效仿的目标),也能说明苏珊现象产生的重大影响。当苏珊的偶像出现并告诉观众她"大吃一惊"时,苏珊也十分惊讶。而且还插播了一段特别录制的视频,视频中,汤尼·奥斯蒙德指着一张他和他妹妹玛丽拍摄于拉斯维加斯的海报说:苏珊应该来看看我们的这个节目,说不定还能取代玛丽。

苏珊慢慢开始意识到自己是个名人了,而且她的辛勤工作也使她得到了经济回报。她在布莱克本的房子是属于村委员会的,现在她想把它买下来。她现在也开始用手机了,不过她的哥哥格里说她现在还不会发短信。而且苏珊现在还有自己的信用卡、自己的代言人、自己的保镖(这也是她需要的,因为有时候人们实在是太热情了),最重要的是,她还有西蒙·考威尔的私人手机号码,这个号码考威尔可是很少告诉别人的。

考威尔对苏珊很认真负责:苏珊已经有一次濒临崩溃,他不希望再次发生类似的情况。现在苏珊马上就要开始制作她的专辑,她被安顿到伦敦的高档社区肯辛顿区的一所简约主义风格的公寓里,公寓很宽敞,"小石头"也接过来了。那她还会不会回苏格兰呢?会,她当然还

会回苏格兰，但是她现在生活的世界跟以前的世界大不一样了。

当美国知名女性杂志《哈波时尚》邀请苏珊为其拍摄 9 月刊的封面时，苏珊真是受宠若惊，因为《哈波时尚》是本高档杂志，其封面人物通常都是极其美丽的女士。现在苏珊又提高到一个新的级别，"我觉得自己像个好莱坞女明星了，"她这样说，"我的头发梳得很漂亮。"她看上去很有魅力，比以往任何时候都有魅力。

苏珊唯一担心的问题就是害怕这一切会突然消失。娱乐界是出了名的反复无常，没有任何人能确保自己在其中能占有一席之地，但是至少现在苏珊还做得不错。"苏珊很喜欢她现在的生活，"她的哥哥格里在接受《星期日镜报》采访时说，"但是这也让她很害怕回到以前那样的生活：一个人独自生活，期盼能实现自己的歌手梦。有好几次她都问我如果这一切都结束了那该怎么办？"谁都不知道这个问题的答案，但是至少会比她之前过得好。

格里也很感激考威尔为苏珊所做的一切。"西蒙有一天打电话给我约我见个面，我是苏珊的哥哥，他告诉我，他会好好为苏珊打理好一切。"格里说，"我看到了西蒙的另一面，跟在电视里那个他不一样。他明确告诉我他会充分考虑苏珊的感受和愿望。作为家人，我们最希望的就是听到这句话。"只要是职责允许，西蒙都尽量让苏珊过得舒适一点。还有很多事等着他们去做，《哈波时尚》马上就要发售了，另外还要准备唱片。

星光四射

当苏珊的照片随着《哈波时尚》出售而出现在人们面前后,引起一阵轰动。苏珊现在越来越好看了,她瘦了很多,打扮得更优雅、更有女人味了,衣服也穿得很漂亮,现在她的很多衣服都是由设计师专门量身定做的,这种事她以前可是想都没想过。在其中一张照片里,苏珊穿的衣服是著名时装设计师唐娜·卡伦

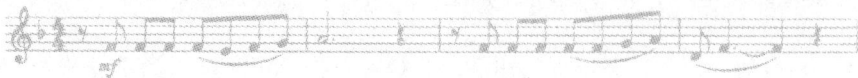

设计的,这是苏珊第一次穿上这种秀出乳沟的衣服。她还是以前的苏珊,只不过看上去更光彩照人了。虽然现在她努力让自己看上去漂亮一点,但是那些最基本的特质都不会改变。

苏珊显然很喜欢现在这种生活。这些照片拍摄于英国白金汉郡的克里维顿乡间别墅旅馆,几十年前这里曾是另一个故事发生的场地——普罗富莫政治丑闻。这些照片拍摄了苏珊穿着塔达希时装公司制作的黑色塔夫绸长礼服,坐在钢琴前演奏的场景,还有一些照片拍摄的是她穿着亮丽的衣服休息时的模样,这跟她以前单调的穿着大不相同。更值得一提的是,在这些照片中,苏珊看上去心情很好,很放松。之前因为生活发生巨大改变而显露出来的消极情绪都消失殆尽了。

一直以来,苏珊都认为自己天生就是当歌手的料,现在她终于证明了自己的想法。现在她是位很出名的歌手,所以她的穿着打扮也要和她的身份相匹配,如果这意味着她应该穿那些设计师设计的更为得体的衣服,那么她就必须穿。虽然苏珊可能不在意自己的外表,但是她知道其他人会在意,特别是当她看到以前别人拍的那些照片时,她很不满意。最后她也开始打扮自己,让这种高档时装杂志来包装自己。

让苏珊改头换面、焕然一新的人就是《哈波时尚》的项目经理劳拉·布朗。在接受美国国家广播公司"今日秀"访谈时,劳拉说:"为她设计这样的造型,意图其实很简单、很简单,就是让她看上去更漂亮、更有魅力。这是她第一次替杂志拍摄照片,所以要耐心点。"但是他们做得太好了,现在你看到的就是你曾经看到过的那个很多年前的漂亮女士。

　　和其他人一样，劳拉也对发生在苏珊身上的这些事惊叹不已，真的很少看见一只丑小鸭这么快地变成美丽的天鹅，这一切都源于那天晚上，那天晚上无数电视观众见证了改变苏珊命运的那一刻。

　　"她走上台来，我们都惊呆了。"劳拉接着说，"她是一位英雄，是那些抱有明星梦的人崇拜的英雄，是那些有着一技之长但是却缺乏勇气表现的人崇拜的英雄。我觉得每一个看过她那天演唱视频的人内心都会很激动。现在苏珊越来越习惯站在聚光灯下、上电视、上报、上杂志的生活了。从四月份起，你会发现她一天比一天优雅，一天比一天自信，她现在知道自己该穿什么、会穿出什么样子。"

　　苏珊另一个改变就是她的生活更有意思了，这是她以前的生活中一直都缺少的。现在的苏珊很开心、很放松，看上去很喜欢现在的生活。"她有时还穿着那双朱塞佩·萨诺第高跟鞋跳起了"月球漫步"，"劳拉说，"我们在拍摄前只是帮她稍微修剪了一下头发，再稍微烫了下。她原先的发型就不错，现在卷了下更漂亮。所以我们只是稍微帮她打理了一下，再帮她化了些淡妆，她看上去棒极了。"苏珊前后的改变很大，劳拉太谦虚了。

　　苏珊在接受《哈波时尚》采访时谈到的内容也吸引了人们的注意。有段时间，苏珊在伦敦住了好几个月，好像不打算回苏格兰。苏珊说："我会回去看看，但是生活还要继续。"至于她刚刚收获的名誉，她说："我要慢慢适应，因为以前我都是在别人的庇护下生活。我现在亲身经历了很多，但是在思想上我还要做些调整。现在一切都很好、很好。"然

而，让大家觉得意外的是，她说自己是麦当娜的歌迷，她说："我喜欢她，虽然她是个很有争议的明星。"

作为一个天主教徒，苏珊的思想很开放，具有包容性。她会唱滚石乐队的单曲，现在她又说麦当娜好。显然苏珊的很多方面，我们还不是很了解，但是这更加证明了一点：一直以来人们都以貌取人，认为她没什么才干，也不会有什么成就。现在她的机会来了，不断地给人带来惊喜。

《哈波时尚》上刊登的照片引起了轰动，这证明大家对苏珊的热情丝毫未减。皮尔斯·摩根当时也在美国，他说他刚刚见到著名男演员罗宾·威廉姆斯，威廉姆斯只想和他谈论苏珊·波伊尔的事情。现在大家仍然谈论把苏珊·波伊尔的生活经历改编成电影，凯瑟琳·泽塔琼斯就表示愿意担任主演。

与此同时，有传言说"英国达人"的冠军得主"多样化"舞蹈组合否认他们因为苏珊得到特殊的优待而跟西蒙·考威尔闹翻了。前段时间有媒体报道说"多样化"舞蹈组合和考威尔关系很紧张，因为考威尔一直把重心放在打造苏珊的歌唱事业，而没有太为他们考虑。这其实是不能比较的。"多样化"组合有他们自己对于未来的打算，很高兴能被人们视为年轻一代的偶像，也很聪明，总是称赞苏珊的表现。但是，尽管他们很有才华，他们却缺少苏珊那样的故事，所以不能像苏珊一样引起人们的强烈兴趣。

"苏珊热"刚刚盛行的时候，有很多人预计这维持不了多久，但是事实正好相反。世界上所有人都对苏珊很感兴趣。连波伊尔氏族的族长格

拉斯哥勋爵也邀请苏珊来参加下一次的氏族聚会,也正是这样,人们发现著名化学会罗伯特·波伊尔以及《贫民窟的百万富翁》的制片人丹尼·波伊尔都是苏珊的远亲。好莱坞和世界其他地方一样都对苏珊很着迷。

很可能要跟苏珊一起唱二重唱的伊莲·佩姬又出来说话了,她说她当初就想给苏珊敲敲警钟,告诉她出名会有怎样的后果,可是被考威尔阻止了。在见到苏珊前,她就发表了自己的看法,但是她觉得现在她可以给苏珊一点建议了。"在你还没有做好任何准备的时候,媒体就大肆报道你的生活,你就会无所适从,觉得喘不过气来。"她这样说道,"我曾经想告诉她可能会发生的后果,可是他(考威尔)不让我这样做。但是当她来美国出席"今日秀"访谈节目时,我突然出现,给了她个惊喜。当时我们见面的时候感觉她还没从发生的这么多事情中缓过神来,我希望我们能有机会一起唱歌。"

因为一夜成名,苏珊承受了巨大的压力,让她根本就喘不过气来,这种状况也产生了很大的影响,改变了真人秀节目的惯用模式。人们都很愤慨,说这是对苏珊的剥削。为了重新获得观众的信任和赞赏,他们也要认真思考这种问题。但是值得一提的是,苏珊本人并没有觉得愤怒,也没有这样的担心,她很清楚是"英国达人"改变了她的生活。

人们现在开始关心参加这类选秀节目的参赛选手的年龄问题。很多人都批评考威尔弄哭了那些上台表演的小孩,但是说实话,发生这种事情,孩子的父母才是主要责任人,如果他们担心自己的小孩,觉得孩子受不了这样的批评,那他们就不应该让孩子参加比赛。

新一季的"X因素"真人秀节目将在8月拉开帷幕,面对如此大的舆论压力,制作方作出让步,有史以来第一次对选手们进行心理评估,如果有选手觉得比赛的压力以及公众的关注让他们招架不住,节目组会提供必要的帮助,毕竟谁都不希望再发生像苏珊进修道院诊所这样的事情。人们总拿苏珊说事对她不公平,因为她现在应付得很好,可是每当人们说起真人秀节目明星承受不住过大压力这件事,人们总是会提到她。

苏珊的全职助理夏兰·伊格也给予苏珊很大的帮助。之前他们两个低调地回到布莱克本,住在苏珊家的老房子里(伦敦的确是流光溢彩,但是家就是家),期间还有人拍到苏珊去教堂的照片。现在村里的人们对待苏珊又有了一些微小的变化。只要她一回到家,就有人找她签名,这也是大家对她现在的新身份的认可。而那些以前经常欺负她的人现在也看不到踪影了,他们现在只会为他们曾经有过的行为感到羞耻,如果他们胆敢再来冒犯这个人们都很喜爱的明星,肯定会被碎尸万段的。

苏珊真是个大红人,现在人们在争辩电视业界的是非时总是会提到她。很多人开始质疑电视选秀节目的意义,因为近几年至少发生了两起跟真人秀节目相关的自杀事件,一起发生在英国,另一起发生在美国,于是大家都在谈论这种节目到底合不合伦理。在英国的这起惨剧是发生在"换个主妇做做看"一期节目结束后,参加这期节目的一对夫妻曾公开承认他们已经结婚了,但是有外遇。节目播出后不久,丈夫西蒙·福斯特失业了,婚姻也破裂了,他的生活整个土崩瓦解,然后他就自杀了。美国这场惨剧的主人公是参加"美国偶像"的一名选手保拉·

古德斯皮德,他在其中一位评委保拉·阿卜杜勒的房子附近自杀了。这两起事件都比苏珊的情况要严重得多,也突出了现在人们谈论的很多问题,特别是心理健康方面的问题。

其中一个重要问题就是:参加真人秀电视节目真的能够帮助选手获得一个全新而又持久的职业吗?当你想到保罗·帕兹和威尔·杨时,答案是肯定的,但是回顾一下真人秀节目的历史,还有很多只通过第一关、但后来却无法成功晋级的人,他们都觉得这段经历让他们痛苦不堪。苏珊会不会成为其中一员呢?

打造出西城男孩和男孩地带的策划人路易斯·沃尔什跟考威尔一样是"X因素"的评委之一,他一直都很关注大家讨论的这些事。苏珊的情况不太一样,她的压力是史无前例的,所以人们不知道在她身上会发生怎样的事情。

"我觉得她的唱片能够取得巨大的成功,可是我不知道她能不能挺得住,因为她会承受巨大的压力。"他在爱丁堡国际电视节上说道,"我给苏珊安排了一名很优秀的领队人员,以确保他能帮助苏珊做好需要做的工作。晚上我会让她早点休息,给她吃几片安眠药。就是这样。她会面临很大的压力,但是一旦唱片制作成功了,她就会好起来。"

安特和迪克也出席了电视节,他们都急切地为节目辩护,认为让苏珊来参加节目是正确的做法。他们的意见应该很有参考价值,因为他们都曾是童星,两人一起出演《拜客小树丛》了,参与过很多真人秀节目,担任"我是名人……快救我出去"以及"英国达人"的主持人,他们

都亲眼目睹了真人秀节目能带给人们什么样的影响,认为拒绝苏珊或其他像她这样的人是不公平的。

"你不能因为你觉得他们应付不了名利和公众关注带来的负担,就把他们拒之门外。"安特说,并说起他自己 11 岁就开始演电视的经历,"不能就因为你觉得她应付不了,所以我们就不让她参加比赛。"另外,尽管苏珊在刚开始时应付起来有困难,但是她学得很快,在得到大家的帮助后,她现在处理得很好。

"大家都没发现这样的要求是多么不合常理,"迪克接着说,"你不能以貌取人。苏珊是个单身女性,住在苏格兰一个小村庄里,一直在追寻自己的梦想。你怎么能对她说'不要去了,我们不知道你能不能应付得了'。你不能这样做。"

虽然苏珊有学习障碍,但是没有任何迹象表明她精神有问题。她的哥哥一再重申这一点,虽然他们几次三番重申苏珊精神很正常,可是很多人就是不相信不接纳他们说的事实。以前一直过着被人保护的生活,突然一夜成名,所以觉得无所适从,跟精神有问题根本就是两码事。

安特和迪克说得没错:机会面前人人平等。苏珊肯定也会同意他们的观点,因为她很喜欢现在成功的感觉,取得了一次又一次的胜利。在 8 月底的时候,虽然离她的专辑《我曾有梦》发行销售至少还有 3 个月的时间,但是很多人就已经在亚马逊网上预订了这张专辑,这张专辑还成为销售榜上的冠军。

很多人很好奇专辑中的歌曲是怎么挑选的,特别是为什么选了一

首麦当娜的《你以后会明白》，这也和苏珊为什么会在《哈波时尚》采访时说她很喜欢麦当娜这件事相符合。"歌曲是苏珊自己选的。几年前她就很喜欢这首歌，"苏珊一位不愿透露名字的朋友对《太阳报》说，"以前她去参加电视节目或歌唱比赛海选时会唱这首歌，但是都被无情地拒绝了。有时候苏珊会伤心地哭，她总是说'你以后会明白'。现在她已经证明自己是世界上最有名的女性之一了。"

现在已经公开了专辑中的一张照片，照片中苏珊很悠闲很放松，微笑地站在苏格兰美丽的田野上，后面是阿盖尔郡凯恩道的奥德金拉斯庄园。同时苏珊还尝试了很多第一次，有人看到她到哈罗兹百货公司买设计师专门设计的衣服，以前她可是从来都没去过这种地方，"小石头"也被送到宠物沙龙做美容。

苏珊的气质也改变了很多，但是她还是不会穿着她上《哈波时尚》时那样的衣服到处闲逛，《哈波时尚》只是证明她可以穿得像个时尚女性一样漂亮，她现在花在衣着外表上的时间可比以前多多了。她的哥哥说苏珊以前特别不注意自己的形象，他们也经常说她怎么都不用梳子梳梳头发。苏珊那时的行为应该属于自我防卫，如果她觉得自己不漂亮，她就会觉得还是顺其自然好，要是她特意打扮了但是却被人笑话，她会觉得很难堪。

但是苏珊不丑，一点也不丑，她只是没去管这些，一旦现在有人帮她打扮打扮，她就发现自己也可以跟其他人一样漂亮，所以她就把握住这个机会。这是真人秀节目的又一大好处——让人们发现自己的另

一面和生活中的另一面。

苏珊热还在持续升温,很多女明星都在猜测苏珊以后会怎样。伊莲·佩姬很早就说过她想告诉苏珊以后可能会面临的危险,但是从苏珊参加第一次海选以来,她一直都是鼓励支持苏珊,但是现在想起来那次海选像是很久很久以前的事情。现在另一位明星露露也出来评论这件事,她也是苏格兰人,露露和其他资深艺人一样,都为苏珊引起的世界反响感到震惊,因为苏珊成名的途径跟他们实在不一样。露露也是突然名声大噪的,所以她知道这样会有怎样的负面作用。

"不知道苏珊热到底是好事还是坏事,"在接受《每日记事》采访时,露露很直接地评论道,"真是太让人惊讶了。真是一步登天,但是要做好并不容易。从某些方面说,也许回家好好唱唱歌对她更好。我现在只希望她能够应付得了这一切,因为这不容易做到。每个人都会犯错误,问题是你能不能纠正过来。"

苏珊已经闯过了她的难关,而且现在也做得很好,所以她不太可能会放弃一切回家去。也许那些比她资历久的明星在面对这种情况时会犹豫,但是事情已经发生了,苏珊是不会放弃的。就像露露所说的,重要的是现在有人给她管理导航,要不然也许真会出问题。

"当时我刚出名的时候,我很兴奋,也很害怕。"露露接着说,"我当时也是很快就出名了。我有一个很好的、像母亲一样关照我的经纪人,所以我很幸运。如果身边没个合适的人帮帮你的话,那就会很困难。"苏珊身边的确有提供这种帮助的人——西蒙就是保证。

露露也指出在现在这个年代，苏珊要是想单枪匹马杀入演艺界，那会是困难重重，因为现在做明星不仅要看你够不够年轻漂亮，而且要很大胆，有时甚至要什么都不穿暴露在人们面前。露露的父亲对她很严厉，不允许她做这样的事情。露露指出在这种情况下苏珊就必须要在其他方面特别突出。苏珊不可能会像很多明星一样半裸着出镜，也就是说她是现今为数不多的少数几个仅凭天赋和特殊的成长故事而赢得名誉的明星之一。没人会否认英国流行音乐女子乐团"高歌女生"是能带给大家欢笑的歌手，但是他们也很漂亮。

虽然露露说这些是出于善意，但是却忽略了一点重要内容。虽然苏珊让人们开始争论选秀节目的是非，但是这不能推出任何结论，因为苏珊是独一无二的。是的，她身边有十分优秀的人手为她的事业导航，在突然成名后也曾让她感到无所适从，但是我们要说的是：这种事以前从没有在任何人身上发生过。

西蒙·考威尔自己都承认，苏珊唤醒了他内心深处温柔的一面。就在"美国达人"即将开赛之际，西蒙在美国哥伦比亚广播公司的"早间秀"节目中接受了阿曼达的采访。西蒙坦言苏珊改变了他的态度，不仅仅改变了他对苏珊本人的态度，也改变了他对其他选秀明星的态度。"那时她输掉比赛的时候，我知道她害怕所有这一切都会从她手上溜走，害怕她要回到那所小房子里，但是她不想回到以前的生活。"他这样说道，还说他现在会对来参加比赛的选手更负责，"我们都习惯了(作为名人的生活)，但是他们还不习惯。但是当一切走上正轨后，她现在

很开心。她的唱片也会引起轰动的,她今年能卖出几百万张唱片。"他还说,当苏珊听到这些时她很高兴,她甚至都高兴得流下了眼泪。

因为有考威尔的存在,所以苏珊将会在"美国达人"节目中献唱也就不足为奇了,这将是她第一次在英国国土之外的地方演出。"美国国家广播公司都在议论波伊尔女士的演出,"一位制作公司的工作人员说,"很多电视广播公司也发来邀请,请她参加他们的节目,但是似乎"美国达人"更适合充当她在美国电视上的第一次正式亮相的场所。"说实话,真的没有比这更好的场所了。因此,9月上旬,苏珊就乘飞机来到了洛杉矶这个世界名人聚集地,在这里她第一次目睹美国人民对她的喜爱。

有很多歌迷在机场等她,他们都大声喊:"苏珊,我们爱你!"人群被安保人员拦着不让接近,但是有个小歌迷挣脱开跑到苏珊身边,给了她一个拥抱。刚开始苏珊见到这样的场面怔住了,没有马上反应过来,但是过了一会儿她便回过神来,朝他们微笑,朝他们飞吻,并向他们招手,然后在安保人员护送下坐进了一辆豪华轿车。"看到大家这样欢迎我,我很开心。"苏珊后来说,"有这么多人来接我,我真是太高兴了。"

一到洛杉矶,苏珊享受了那些著名演员才能享受的待遇。苏珊和她新认识的陪同人员一起去了坐落在加利福尼亚阿纳海姆的迪斯尼游乐园游玩,还有人拍到他们游玩时的照片。因为苏珊在美国比她在英国还要受欢迎,总是被歌迷围堵,所以还特意派了几名陪同人员随行。

回到英国这边的情况,虽然苏珊公开声明她很喜欢现在的生活,可是有关她是否受剥削的争论还在继续。有很多人都跃跃欲试,想要

加入这个辩论行列,最近加入的是演员工会的副主席简·罗杰斯,她说真人秀节目简直就是怪物秀,"英国达人"把苏珊·波伊尔变成了大明星,"她说,"这就是维多利亚时期怪物秀的现代版本。苏珊·波伊尔是个心理承受能力弱、被人利用剥削的中年妇女。她的童话故事是变成了现实,但是却付出了巨大的身体和精神代价。西蒙·考威尔和其他人都不应该以这个为由获取成功。这不公平,所有人都得了好处,但是演出者却没得到好处。娱乐界是个尔虞我诈、竞争十分激烈的地方,里面的人都在利用演出者们的希望和梦想。英国是有很多有才的达人……我们要支付他们应得的酬劳。"

看来罗杰斯完全误解了真人秀节目和参赛选手的目的和意图。苏珊波伊尔,这个"心理承受能力弱、被人利用剥削的中年妇女"现在是国际明星了,我们在书中也多次提到她本人并不想回到以前那种生活。几十年来,她一直都在努力尝试,希望能跳出原来的生活,现在她终于等到了一直期盼已久的机会,便赶紧用双手紧紧抓住这个机会。说要给参赛者支付酬劳,可是他们是参赛者,没有人强迫他们来参加比赛,至于酬劳,如果他们能够赢得比赛或获得人们的青睐,将会有一大笔钱。

现在回到洛杉矶,苏珊最不希望发生的事情就是像简·罗杰斯说的那样——不再上电视。她在"美国达人"上的演出很精彩,有2 500万观众观看了她的演出。她演唱了《我曾有梦》,还有《野马》。这是苏珊第一次公开演唱《野马》,后来还制作成了苏珊的单曲,这是对批评苏珊只会唱两首歌——《我曾有梦》和《回忆》——的那些评论家的反击,显然她不是

只会唱这些歌。苏珊的穿着也很体面，穿着一身优雅的黑色礼服，在管弦乐队的伴奏下为大家现场演唱。当然，观众又是全体起立为她鼓掌。

很多评论文章都指出她已经成了一名出色的歌手。"玛莉亚·凯利要小心了，因为这里又来了个出色的歌手！"一则评论文章这样写道。《洛杉矶时报》则写道："现在要认真对待苏珊了，现在她是个真正的歌手了，她的歌唱才能值得人们鼓掌称好。"《赫芬顿邮报》上也发表了类似的评论，上面写道："苏珊·波伊尔根本就不能当竞争对手，她现在就已经窃取了"美国达人"的冠军宝座。"E! Online 网站也发出相似的评论："谁会赢得'美国达人'比赛？苏珊·波伊尔当然不能算在里面。"

皮尔斯·摩根也亲眼见证了苏珊这一次的成功。现在苏珊是娱乐圈的好手了，在幕后的时候还会跟皮尔斯聊天。苏珊的生活现在也越来越高档，住的是美国豪华的贝莱尔酒店，还有人看见她去高档百货商店巴尼斯购物，这里可是《欲望都市》里面那些女孩子的最爱。让苏珊觉得更放心的是考威尔也在这里，苏珊现在很依赖他，也很信任他。

事情的进展也让苏珊的哥哥格里感到高兴。"现在她过得很好，因为她的唱片好像很受欢迎，所以她对自己的事业也很有信心。"他说，"（跟以前相比）她现在不一样了，她看上去很开心很放松，她现在过得很好。西蒙·考威尔会去美国和她会面，他向我们保证他会尽量保护好苏珊，帮助她在娱乐圈发展。我知道西蒙的名声很臭，但是我觉得他是个值得信赖的人，会把我妹妹的事放在心上。"

苏珊又一次凯旋而归。现在她觉得好多了，会谈论她当初承受巨

大压力、甚至当时待在修道院诊所时的情形。"以前没承受过任何压力，所以当各方面的压力突然袭来的时候，我觉得自己都要窒息了。"她对《每日记事》说，"我不太记得决赛过后到底发生了什么，我只记得我被抬上救护车，送进了医院。我当时很累。现在回想起来当时是需要好好休息一下，因为真的太累了。以前的我总是睁眼睛看着外面的世界，现在我自己也融入到了这个世界。我不会害怕，我会用双手拥抱世界，因为我对自己更有信心了。我现在能以前更妥善地处理各种问题了，可以继续追逐自己的梦想，我已经准备好了，为梦想继续奋斗。我不再是那个整天提心吊胆的小姑娘了。"

还有什么比这个更能证明苏珊的生活因为选秀节目而彻底改变了呢？很多媒体纷纷猜测苏珊以后会比披头士乐队还红，因为她不费吹灰之力就成功进驻了其他人望而却步的美国市场。

在英国，苏珊在圣诞专辑排行榜上排名第二，仅落后被称为"流行之王"的罗比·威廉姆斯。但是具有讽刺意味的是，罗比用了几年的时间试图征服美国市场，但是却失败了，可是苏珊却轻而易举地做到了，这也说明她取得了很大的成就，因此有人预言她能打败罗比争得榜首宝座。

"这根本不用比的，肯定是苏珊·波伊尔赢，"音乐界资深评论员保罗甘巴奇尼说，"这样说并不是说罗比·威廉姆斯不好，只是——这听上去可能会觉得有些荒唐——只是波伊尔是今年红遍全球的新歌手，人们的好奇心就会助她卖出很多张唱片。"

还有什么是这位英格兰女士做不到的呢？

苏珊·波伊尔的传奇故事

九月下旬,苏珊已经确定了自己作为明星的地位。
早期批评她只会唱两首歌的声音也已经被她过去几个
月的精彩表演所淹没——那些评论家似乎没有意识到
其实是苏珊当时只能唱这两首歌,因为她所
处的是"英国达人"的巡回演出,而不是她的
个人巡回演唱会。此外,敬佩苏珊的明星数
目还是很多,邦·乔维乐队

最近表示想与苏珊共事,但是这种事情发生的可能性很小。

皮尔斯·摩根又谈到了苏珊,他似乎也从与苏珊的关系中受益不少,他和阿曼达不同,早在苏珊成名之前就已经在美国赫赫有名,但是他相信苏珊改变了他的形象。

"很大程度上,让我拥有全球知名度的是苏珊·波伊尔。"他在苏珊首张专辑准备发行的时候就说,"我一直觉得自己有照顾苏珊的责任,我觉得这种想法也改变了别人对我的看法。但是我坚定地认为今年"英国达人"所引起的轰动被严重地扩大了,很多人会借用苏珊·波伊尔来批评西蒙·考威尔和他的经商方式。苏珊不是什么怪物。如果你仔细想想,会觉得很多在演艺界发展的人都会有些另类,但这并不意味着他们不是伟大的人才。当人们听到她的专辑,就会发现她的非凡之处。"

从美国回国后,苏珊好好地休息了一阵,之后传出消息称她将参加"X 因素"。期间她因为出现流感症状而被送往医院,让大家十分担心,但是她的身体正在慢慢改善。

随着专辑发行的临近,苏珊也随之变得兴奋。在她的网站上,她称这张专辑为"自传式的",并解释道:"专辑中选录的一些歌曲是我的最爱,这些歌我唱了很多年。其中有一首你们可能会把它看成我的'代表歌曲',那就是《野马》。这首歌受众广泛,泰里·沃根在电台上第一次播放了它。我的家里现在还有沃根的自传,现在他却在播放我的唱片,这

真是不可思议。"

　　她掌握现代科技的速度很快，她不仅会定期更新自己的网站，告诉别人她当前的状况，她还开通了 FaceBook，吸引了 180 万歌迷的造访。虽然这个数字无法与吸引了 1 000 万用户的迈克尔·杰克逊的网站匹敌，但它仍然是 FaceBook 中访问人数最多的网站之一。目前麦当娜在上面的网站也只吸引了 120 万歌迷，这已经被认为是很了不起的数目了，而惠特尼·休斯顿只有 21.4 万。

　　麦克·布雷是一个表达对苏珊的仰慕之情的名人。"我以前不了解苏珊·波伊尔，"他说，"还对她冷嘲热讽，批评挖苦她。那是因为我之前没有看过使她成名的第一场表演。当她说'我想成为一名职业歌手'时，观众们看着她，说'哦，得了吧'，我当时浑身都起鸡皮疙瘩。等这张专辑发行后，我会去买上 20 张，因为这是一个弱小者追寻梦想的感人故事。它在让我对现在人类的处境充满了信心，告诉我我们现在仍然希望好人能够获得最后的胜利。我完全被征服了，这真的是一个非常、非常感人的故事。"

　　之后唱片开始发行，这在本书的第一章已经细述。苏珊成功了，而且得到了所有艺人都梦寐以求的评价：

　　　　"比表面上更婉约、更能引起人们情感上的共鸣，波伊尔带着真正的尊严和格调浮现在人们眼前。考虑到她独特名声具有昙花一现的特质，这也许会是她唯一一张超级畅销的专

辑:即使如此,她亦足以以此为荣。"

new.uk.music.yahoo.com

"苏珊·波伊尔她做得太棒了。至于她是否有足够的才华和勇气来将其事业推进到下一个阶段这个问题,只有时间才能告诉我们答案。不过,你现在不用再为奶奶的圣诞礼物费神了。"

劳伦·墨菲,entertainment.ie

"在演唱出自音乐剧《悲惨世界》的歌曲《我曾有梦》时,她的歌声静谧、清新、字正腔圆,就连一名不懂歌剧的年轻女子也会被其触动。专辑中的另一个亮点是她对史琪特·戴维丝的《世界末日》的温柔演绎。"

bbc.co.uk/music

"波伊尔的嗓音婉转,配乐丰富,歌曲的选择也很好地展现了她的音色和音域……在这个可以自动调音增添魅力的时代,波伊尔向我们展示了纯粹的才华。"

virginmedia.com

当然,这些评论也提到苏珊现在的名声也可能会是昙花一现的现

象，但是并没有考虑到其中另一个重要方面——她打开了美国市场。能让美国人印象深刻的英国电视真人秀明星很少，仅有的另外一位是丽安娜·刘易斯，很少有英国明星能够在美国取得成功。这个事实，而不是其他任何事情，说明苏珊能在音乐界受到长时间的追捧，因为没有任何迹象表明美国人厌倦了这位新的女英雄。甚至在英国，大家都承认以前还从来没有出现过这种现象。

波伊尔的另一个仰慕者——歌手席尔也这么认为。"这是一种好的娱乐形式，但是我有时候会质疑这是否是对我们业界最好的东西，"对于电视真人秀，他这么说道，"苏珊·波伊尔是一个例外。我觉得她一点都不在乎出不出名。她唱歌，只是因为她唱歌是她生命的一部分——她是一位真正的艺术家。她唱歌，是因为这是她表达情感的方式之一，如果不这么做的话，她就会不舒服，这是她释放自己的一种方式。"真是很高的评价啊！

曾经有报道说苏珊承受不了那么巨大的压力，但是与她亲近的人都坚称苏珊一直在学习如何应付。"她对出名带来的变化调整得非常好。"苏珊的声乐老师说道，"我不记得她曾经紧张过，但是我想可能是适应不了新的环境，假以时日她就能应付得过来。我觉得她生活得非常开心，所以我很确定这一切都会迎刃而解。她经常往返家中(在布莱克本)，没有任何问题。她有时间过正常的生活，也不再有压力。她听上去对自己现在的生活很满意。"

苏珊只不过是在适应一系列新的而且是不寻常的环境，这肯定需

要一段时间来调整适应。

西蒙·考威尔将要在他50岁生日时举行一个盛大的派对，这在伦敦引起一阵轰动。所有的娱乐界人物都聚集于此——只有一个例外。很显然，这个耗资200万英镑，在帕拉第奥大厦(也称鲁特姆公园)举行的盛会，其客人名单包括谢丽尔·科尔、丹妮·米洛、凯特·摩丝，"英国达人"的评委以及其他许多无法一一道来的明星，这可能会有点低俗，苏珊并不适合参加，虽然她可能比出席派对的任何一个人都更出名。到目前为止苏珊还没有开始参加这些各种颁奖典礼以及跟娱乐界形影不离的形形色色的聚会。

随着专辑的发行，苏珊的哥哥格里解释道："苏珊目前情况很好，从美国回来后正在休息，她没有参加西蒙·考威尔50岁的生日派对是因为她不想别人对她太过关注，但是她对新唱片十分满意。"

事实上，格里非常热衷于谈论新唱片，对整个波伊尔家族来说，看着苏珊在过去几个月的蹿红他们都觉得很激动。他们都很担心苏珊，特别是在母亲去世之后，他们很开心苏珊能突然之间过上这样有意思的生活。当然，苏珊小的时候他们便听过她唱歌，明白她现在到达了梦想的巅峰，这个梦想孕育了将近50年。

"苏珊和我最喜欢的歌曲是《我曾有梦》——我知道这首歌被唱滥了，但确实是它使苏珊为全世界所知，而且我觉得这首歌非常适合她的嗓音。"格里说道，"专辑中另外一首情感强烈的歌曲是《泪流成河》，

多年前她在苏格兰的心跳工作室也录制过这首歌。《野马》这首歌也选得好,她曾在美国电视节目中唱过这首歌,这首滚石音乐的经典之作很好地展现了她的音域。我想很多人也会喜欢《平安夜》这首歌,这是圣诞节和这个假期的最好的选择。苏珊演绎的《追梦人》十分有趣,《高山上》也很振奋人心。这张专辑总体制作精良,像《奇异恩典》、《你真伟大》和《你以后会明白》等歌曲也给了她一展歌喉的机会。我觉得歌曲都选得非常好,我们全都交叉手指希望她的歌迷们能喜欢这张专辑,这张专辑会是一个成功。"不用说,它确实是。

然而更多的钦佩出自另一个不太可能的人,说唱歌手50美分(50 Cent)。"苏珊现在很火。"他说,"我会找她唱一首歌,说真的。我们会取得成功。每个人都在谈论这个因"英国达人"成名的女士。她有一副惊人的嗓子,我们会一起让每个人都随着歌声跳舞。我一直都渴望做一些新鲜的事情,她很酷,所以我会让别人告诉她。我想跟她合作,带她在我的世界中转转,她会乐在其中的。"他在开玩笑吗? 谁知道呢?

现在证明了"英国达人"各位评委的决定没错。对于苏珊专辑的大卖,阿曼达很高兴,从苏珊第一次站在海选舞台开始,阿曼达亲眼目睹了人们对苏珊的反应,她想过这很可能发生。

"难以置信,但说实话,我一点也不惊讶。"她告诉《Hello!》杂志,"她很了不起, 她的故事已经传遍全球, 因此她的专辑也同样会卖遍全球。"对于早期出现的问题,阿曼达和其他的评委意见相似:"你要记住她初赛时的表现,她很坚强、很风趣——她真是个大角色。在生活中,

她要处理许多事情,她都成功做好了,并且游刃有余,所以我们不能低估她的实力。我觉得她的专辑可能会在圣诞前发行,现在满世界都是她的身影,没有人能阻挡她。"

同时,苏珊也变成了一个富有的女人。没有人知道她到底赚了多少钱,但估计超过了500万英镑。不管怎样,苏珊最终都能得到心中渴望的平静。尽管有许多人都在议论她,说她现在还是单身,但她对为未来做准备的兴趣显得高于寻找真爱,"啊,现在我根本就没有时间想这个!"她告诉一个记者,"我太忙了!真是好玩。我希望得到保护,我梦想有一天能找到合适的另一半。对于那些敢于做梦的人,我建议他们不要放弃。如果我可以做到,任何人都可以。"

当然,西蒙·考威尔也从苏珊身上赚到了钱,但是他声称等苏珊有能力处理这一切时便会自动离开。"我当时告诉她的家人,如果她觉得这一切对她来说太过辛苦,或者她不想再继续,我们都可以撕毁合同。没人会强迫她去做任何事情。我们会赚到很多钱,我们现在已经赚到了。但是只要她不想做这些,我就会离开,我会的。"

很多人批评西蒙,说他利用苏珊赚钱,这样说他不公平。因为不管你喜不喜欢,在音乐界事情就是这个样子的。艺人按照专辑销量的一定比例得到报酬,苏珊的大概是15%,因为唱片公司也要冒一定的风险,苏珊没有受到不公平对待。事实上,即使没有新的事业,她所赚的钱也足以改变生活。

在圣诞节前期,苏珊回到了家中,决定将布莱克本作为自己的根据地。随着她盛名传遍全球,出行也更为频繁,她需要在一个让她觉得自在轻松的地方,在一个靠近朋友和家人的地方。她地位的改变给她的生活也带来了很多的变化:虽然她还是像以前一样对歌迷和记者很友善,但还是不得不增强家中的安全措施。她没有一点天后架子,愿意摆各种姿势让别人给她拍照,愿意为歌迷亲笔签名,向路人欢快地招手示意。曾经困扰她比赛的紧张情绪已经完全不见了踪影,现在的她显得闲庭信步。

现在正在筹划电视专题报道《我曾梦想:苏珊·波伊尔的故事》,而苏珊的另一个梦想也将要成真了,这将会在最后时刻揭晓,但是已经安排她与她的偶像伊莲·佩姬同台演唱。两人将一起演唱伊莲·佩姬的经典歌曲《我如此了解他》,这让苏珊不知所措,她说:"我从来没想过自己会站在这个伦敦西区剧院的舞台上,更别说是与她合唱了。"

伊莲一如既往的热情,她说:"最后能与苏珊一起演唱是件愉快的事情,她是一个合作的好伙伴,我觉得我们合作得太好了,这可是我最喜欢的一首歌。"

两人的合唱也在美国引起了反响。很多歌迷在看完苏珊海选时的演出后,就创建了一个网站:www.susan-boyle.co.uk,在这个网站上,一个典型的美国歌迷这样写道:"这里的每个人都对苏珊和伊莲的合唱感到兴奋和激动,真希望多听几首。"这是来自西雅图的米斯蒂说的。"事实上我们也为伊莲感到高兴,因为我们之前并没有听说过她,现在

她也将在美国拥有美好的事业，就像在英国一样。当人们一开始取笑苏珊的时候，伊莲对苏珊很亲切，她是这么和蔼，愿意牺牲自己的'明星'时间来做苏珊的'客人'。她们两人共同闪耀，歌声曼妙。我多么希望她们能一起制作一张专辑，我打赌这肯定会实现，制造商们不会让赚钱的机会从他们手中溜走。"

苏珊推动了伊莲在美国的事业吗？那将会是怎样的一个转变啊！

在演出时，苏珊还过了把瘾，她还演唱了《我是谁》，当她在钢琴独奏期间跳起一小段舞蹈的时候，全体制作员工都很惊讶，这也许是她释放自己的一种方式。这个节目自然由皮尔斯·摩根主持，当他颁给苏珊一个金唱片时，苏珊流下了眼泪，这是一个非常激动人心的时刻。"我感觉好极了。"她说，"我想妈妈会为我感到骄傲，你要知道她是一位很优雅的女士。"

当这个节目播放的时候，吸引了超过 1 000 万名观众——这个数字是前一个晚上谢丽尔·科尔演绎《Night In》时观众数量的两倍。

苏珊是大西洋两岸专辑销售排行榜上的冠军，她向皮尔斯解释说她的力量来源于宗教信仰。"从个人层面来看，教会对我是非常重要的；这是我信仰的核心部分，我意识到人必须要好好利用上帝给予的天赋。"所以当她到法国做宣传访问时，被一群碰巧是巴黎修女的歌迷围住，对她来说似乎是双重惊喜。看起来法国人也像其他人一样喜欢她，每当她参加法国的访谈节目，都会引起一阵轰动，情况和她去德国

科隆参加《超级天才》(Das–Supertalent)节目时一样。她的魅力真的是全球性的,她的故事也引起了全世界人民的共鸣。

尽管取得了这样的成功,苏珊仍然很谦逊。在接受《人物》杂志的采访时,她宣称她的生活并没有发生改变,"我还是过着和原来一样的生活,住在相同的房子里,生活没有发生太多的变化,只是经常出外旅行。我去过以前从没有想过会去的地方。没有什么好怀念的,因为我还拥有着以前的一切,只不过现在的生活更加丰富多彩了。我见到了汤尼·奥斯蒙德,他人非常和善,我们聊到脚踏实地对人们来说很重要,他还送给我很漂亮的紫玫瑰。"至于现在对她对重要的那个……"小石头对现在发生的一切一无所知。"苏珊说——这只小猫是唯一一个现在陪伴苏珊的个体。苏珊说,"当我外出工作的时候,它会和一位非常可爱的女士住在一起,它过得不错。我一有时间就会去看它,知道它被人悉心照顾着,我才能安心出门。"

如今苏珊想要出门但不被人关注是不太可能的了。当她返回苏格兰后,在没有任何通知的情况下突然出现在爱丁堡的王子购物中心,演唱了一小段《野马》并且为歌迷亲笔签名,这引起了一阵轰动。

同时,苏珊如同沙金,继续在发挥魔力。没有人可以说她给西蒙·考威尔带来了名声和财富,西蒙很早以前就登上了名流的顶峰,但是苏珊肯定没有给他带去任何的不利。11月,考威尔成为有史以来第一个作为电视真人秀节目名人的亿万富翁,虽然不能说这完全归功于苏珊,但她的确是帮了他忙。

当苏珊在海选时演唱《我曾有梦》这段视频成为 YouTube 年度观看最多的视频时，没有人会觉得惊讶，这段视频仅仅在这个网站上就创造了 1.2 亿次的点击率。苏珊的成功真的永无止境吗？但同时也有一个重要的方面，苏珊做的这一切都是为了她的母亲布里奇特，但是布里奇特已经没有机会来亲眼目睹女儿的成名，亲眼目睹女儿的才华被人认可，这么多年来她一直都在为女儿的前途而担忧。"我可以让她为我自豪，但她已经无法看到。"苏珊对一个采访者说——这是这个令人激动人心的成功时刻里最令人感慨的一件事。

虽然苏珊在学习调节自己的步伐，原定于 11 月的加拿大宣传活动还是被推迟到 12 月，后来由于她的健康状况而再次被推迟。事实上，苏珊所需要的是一场休息，她的歌迷们都知道并理解这一点。一个名叫雪莉欧的歌迷在苏珊的官网上留言说："苏珊的管理团队让她短时间内在大西洋两岸往返了三次，这么多的出行太折磨人了，她现在需要的是与家人共度圣诞节。当她需要休息的时候，就应该让她好好休息。她的团队明白这一点。"

苏珊也在好好地保养她的嗓子。她目前在接受另一个声乐老师伊维·伯内特的指导，她告诉苏珊如果她的歌唱事业是长期性的，那么就很有必要接受培训。这不仅仅要休息她疲惫的身体，苏珊也必须像对待乐器一样对待她的嗓子。她正在慢慢学习，学习什么对嗓子有好处以及过了多久嗓子就需要休息一下。

同时，人们开始在 eBay 上出售与苏珊有关的纪念品来赚钱，其中

大部分纪念品都是未经授权的。

这是"卑劣无耻的人们在赚取几百万英镑的暴利",考威尔的发言人马克思·克利福德这么说道。"苏珊这一年很美好,我想如果她知道有这种事情她肯定会很沮丧,特别是很可能有歌迷会认为这些都跟苏珊本人有关。这是一个不幸的事实,在生活中,很多人总是利用别人来谋取利益,却不去管这样会让自己显得多么卑劣。这些东西都很廉价低俗,我敢肯定,西蒙·考威尔的律师正在密切关注任何与苏珊有关的事情。"

其中一个希望从中受益的是学校门卫托马斯·克劳福德,他手上有一张惠特本社区录制的慈善唱片,这个唱片是 10 年前录制的,苏珊演唱了其中的一首歌曲。这是一件真实的纪念品,他有权出售。

他陈述道:"我当时在一个乐队里当鼓手,乐队请来为唱片中一首歌曲配乐,所以我的父亲就保留了这张唱片。当我们听说在美国有个人因为这张唱片赚了 2000 美元时,我们就决定把它放在 eBay 上出售,看看会怎样,我们会平分赚到的钱。竞拍的起价是 500 英镑,现在的一口价是 2500 英镑。以前苏珊经常去唱歌的地方,我们的乐队"细尘"(The Fines)过去也经常在那些地方表演,她是位可爱的女士。"

这次的买卖完全是光明正大的,但是假的纪念品就是另外一回事了。"苏珊对这一切非常沮丧。"一个不愿意透露姓名的苏珊家人的朋友这么说道,"苏珊做的一切都是为了歌唱,而不是为了赚钱。但是人们现在趋之若鹜,想要从中谋利,他们的行为真让人恶心。苏珊为慈善

事业做了很多事情,她唯一支持的是在 eBay 上出售她去年在布莱克本保龄球俱乐部演唱时赢得的奖品,所卖得的钱将会捐给苏格兰儿童收容所,这才是最贴近苏珊真实想法的做法,竞拍将于这个周末开始。在 eBay 上的其他东西都不是她所支持的,我希望人们不要再浪费金钱去购买其他任何的东西了。”

　　苏珊肯定不是追求金钱的人。她成长在一个小康之家,她自己也很谦虚,没有想过什么时候要去摆阔。“我以后可能会买下我现在住的房子,其实也是我一家人住的地方,它真的很棒。我真的没有什么其他大的抱负,我买了一些新的家具。你也肯定会把你的家装饰得好看点吧?我想好好地利用这些钱,为其他人做些事情,帮助他们。我的脑海里已经有一些想法。”她口中的新家具其实就是沙发和冰箱,难怪大家都这样喜欢她。

　　人们还在讨论基于苏珊的生活经历拍摄一部电影这件事情,很多女演员是出演她这个角色的候选人, 凯瑟琳·泽塔琼斯就是最被人看好的候选人。苏珊的哥哥格里则显得更加务实,“有不少关于苏珊的故事脚本,里面的故事有很多都是杜撰的,但是还是写得很好。”他说,“如果有人说要以她的生活经历为基础出部电影,我不会觉得很惊讶。我个人很希望凯茜·贝茨能扮演我的妹妹,像布兰达·布莱斯其他这些英国女演员也非常棒,我只是希望他们能找布拉德·皮特来扮演我的角色!苏珊正在计划与家人共度圣诞节和新年,要是她假期能在家的

话就再好不过了。如果来自苏格兰小镇的一个不知名的女性都可以成为美国最畅销的艺人，那么一切皆有可能。我们都为苏珊感到骄傲，她的梦想随着唱片的惊人销量而成真。去年一年，我在我妹妹身上看到了巨大的变化，而且她的身边也有着一个优秀的团队。我想她的唱片在全球其他市场都会取得一个惊人的销量，因为苏珊的故事如此独特，给很多人带去了希望。"

格里多次担任他妹妹的代表和发言人。12月，苏珊获得了苏格兰最高奖项——苏格兰格兰菲迪奖，那次也是由格里代表苏珊去领的。"她获得这个奖实在是令人震惊。"他说，"她一直觉得自己是个来自布莱克本的小女人，在这个惊人的一年中取得如此巨大的成就，她感到十分高兴和激动。"

苏格兰的年度最高奖！苏珊的故事变得越来越激动人心了，但最激动人心的莫过于给这令人兴奋的一年画上这么一个完美的句号。尽管有很多人认为将这个心理承受能力差的女人置身于媒体聚光灯下很危险，但是苏珊现在变得越来越强大。她找到了生活的平衡点，老家布莱克本是她的根据地，是给她庇护和温暖的家，而访问世界的其他地方让她能展翅飞翔。她的精力也很好：虽然有时候会推迟一些工作，比如说加拿大那次，但是现在很多人都给了她适当的援助和道义上的支持，她现在还是把行程排得满满的。

她的哥哥格里和约翰曾经在《Hello! 》杂志的采访中大谈他们为苏珊感到骄傲。"在我们当地的商店里，她的专辑全都卖光了，我站在那

里看着售空的 CD 架，她的专辑就放在所有世界闻名的明星的专辑旁边，一种难以抑制的自豪感油然升起。"约翰说，"她就在那儿，我的宝贝妹妹，她的梦想成真了。和家里的其他人一样，我真的为她感到高兴。苏珊现在很好，前一段时间我送给她一枚戒指，我真的很担心她——她始终是我的宝贝妹妹。"

"但是我们告诉苏珊如果她觉得这一切对她来说难以承受的话，她只需要说出来。"约翰又接着说道，"作为一家人，我们会多加留意，随时愿意提供帮助，但有时候她所需要的只不过是来自我们其中一个人的一个电话而已。"

至于西蒙·考威尔，格里说："这个男人是一个传奇，一直都很支持我们。他看上去一直都很真诚，而且是真心关心苏珊的幸福和快乐。我觉得苏珊能获得他的青睐，真的很幸运。"

一年的时间已经临近尾声，苏珊所取得的成就也开始变得清晰起来。她的专辑《我曾有梦》在美国、加拿大、英国、爱尔兰、澳大利亚、新泽西、日本和瑞士都连续三周位于销售榜榜首，还获得了美国唱片业协会的三个"白金奖"，这意味着有超过 300 万张光盘被运到美国的零售商那里。这是 2009 年最畅销的专辑，是这一年第一张连续三周居于榜首的专辑，是有史以来新出道艺人发行的最畅销专辑。在全球范围内，超过 700 万张唱片被运至各地，苏珊成了有史以来专辑全球销售速度最快的电视真人秀女艺人。总而言之，这是非比寻常的一年。

苏珊·波伊尔真是太不可思议了。她不仅改变了电视真人秀的模

式,还改变了演艺界;她成了全世界千百万人崇拜的女英雄,她比那些在演艺圈立足多年的明星还要出名。她证明了"你必须年轻漂亮而且身材火辣才可能成功"这种观念是错的,最重要的是,她是一个活生生的例子,告诉你千万不要放弃自己的梦想。苏珊的一切都让人喜爱,她率真的举止,面对提问时天真的回答,都让她与当今世界的其他名伶不同,使她成为时代的标志。

但这是为什么?又是怎么做到的?是什么让苏珊从那些富有才华而且也想进入演艺界的人们当中脱颖而出的?为什么这个来自苏格兰水乡的腼腆小女人能一夜之间成为世界上最出名的人物之一?苏珊已经不仅仅是人们的偶像,一种全球性的现象,有关她的一些事情已经深深植入听众和观众的精神世界,引起他们内心深处的共鸣。但那是什么?那又是如何产生的呢?

一个现代童话故事

　　毋庸置疑,苏珊·波伊尔是一个天才。在电影《第四十二街》中,有一段非常有名的教导:"索耶,离开时你只是一个年轻人,但是回来时你将是一个明星。" 很明显苏珊不是一个年轻人,想想当苏珊第一次表演时坦承自己已经是47岁时观众震惊的表情,但从另一个角度看,这才是苏珊的故事。离开时她只是一位苏格

兰老女人,回来时她成了全球超级巨星。

正如本书其他地方所描述的那样,效果是立竿见影的。苏珊·波伊尔的轰动并没有用到几个月的时间,也不是一场精心策划的比赛:一夜之间,全球轰动。这并不是浪漫、充满激情的爱情,但却是自我意识的爱,夹杂着对勇气、坚忍、耐力和优雅的敬仰。我们都有从未实现的梦想,大部分人没有勇气去实现它们。苏珊,在她年轻时如此的隐忍,而近期在压力之中,变得比任何自以为勇敢的人更拥有勇气。正是这样,她才在全世界都广受欢迎,正是这样,她的歌迷才会遍布世界各地。

所以,人们开始分析苏珊这么有吸引力的原因。苏珊的魅力横扫美国,一大堆这样的帖子出现在很有影响力的美国网站赫芬顿邮报上。流行评论家马克·布兰肯希普分析了苏珊风靡全球的两个原因:"她抨击了那些总是批评指责电视真人秀节目的评论员。"这是第一个,第二个是"苏珊·波伊尔并不年轻。苏珊的故事之所以更加有吸引力,是因为她并不是一个令人讨厌的年轻人"。他继续道,"你看到那些令人头疼的青少年,心想'没事,他以后会长大的,还是有希望的'。但当一个女人47岁的时候,人们一般都会想现在已经太迟了,她的生活只能一直生活在社会的边缘地带……看到一个老人,尤其是一个不怎么时髦的老人证明她仍然还能化茧成蝶是多么激动人心的事情,因为这告诉我们,我们也能解决我们自己遇到的问题。"

职业电视电影编剧迈克尔·拉斯分析了观众将苏珊看做一个怪胎并准备嘲笑的心理。"这一切都为她开始演唱做好准备,我们的误解在

听到她歌声的时候就全都融化了,我们都很震撼——包括三位评委,他们之前也完全不知道会发生这样的事情,人们一瞬间坠入了欢乐的海洋。"他这么写道。很明显,"欢乐"是苏珊引发的其中一种情绪:其貌不扬的人也能有着如此惊人的才华。

《Ms.》杂志的创刊编辑莱蒂·科坦·波格列宾认为苏珊的故事能这样有吸引力主要有三个要素。"我觉得一部分原因是年龄,接近50岁的女人还有勇气与年轻人竞争,并且击败他们。"她写道,"然后,我们也因为多年来苏珊怀才不遇,事业无成,时光流逝而伤心落泪——我们为苏珊·波伊尔惋惜,也为那可能会存在的两代歌迷惋惜。但是我敢肯定我们喜极而泣很大一部分原因是因为发生在苏珊身上那童话般故事所包含的寓言'不能以貌取人'这么非凡的声音竟然能出自一个说话普通、看上去缺乏魅力、也不年轻的女人,于是让人激动地联想到这个大家都知道的至理名言。"

在网络上有许多与苏珊有关的博客,她俨然成了一个魅力十足的人物,她的故事被人们一次又一次地谈论。

苏珊是对在现代生活中一种盛行的观点挑战和抗议,那就是成功是基于年轻和外貌的。"只有美貌的人才有可能取得成功。"科莱特·道格拉斯·荷蒙写道,"你不仅仅要看上去更有吸引力,配得上成功的光环,似乎只有那些外表好看的人才能在日常生活中得到尊重。如果像苏珊那样肥胖(还有很多这样的人),胖墩墩的,而且年老色衰、不谙世事,与潮流脱节,也没有好看的发型,那么你就什么也做不成。"苏珊证

明这种观点是错的，她现在可是全球热捧的明星。

虽然苏珊也和其他人一样对发生在她身上的这些事情感到迷惑不解，但她并没有花很多时间去分析这一切。因为在现代社会大家都以貌取人，她知道世界各地的观众也有这样的想法。"现代社会节奏太快，所以总是以外表来判定一个人。"她说，"对于这一切你无能为力，这是人们的思维方式，也是一种状态。但也许这可以给他们一个教训，或者说是给树立了一个榜样。"当她决定开始打扮自己时，她也没有弄过头——苏珊还是那个苏珊。

对在 PopWatch 发表言论的莉莎·舒瓦兹包姆来说，苏珊吸引力不只是这些，还有一点：她让我们反思。"在这个流行意识盛行的文化下，我们都盲目追逐，只喜欢把自己包装得好好的：好看的脸庞，精美的衣服，得体的仪态，合适的 Facebook 留言。而这个没经过包装、没有风格、也不时尚、甚至还没被男人吻过的波伊尔女士给我们带来了一场炫目的精彩演唱，让我开始重新思考人类优雅的意义所在。"她继续写道，"她击碎了我的防卫，重组了美的标准。我以前对此一无所知，直到眼泪肆无忌惮地流满我的脸庞，我才发现我一直都渴望有人能纠正我的理解。"

然后就是关于自信的问题了。苏珊也表现了这一点，这值得我们称赞。《华盛顿邮报》的珍妮·麦克马纳斯写道："有时候，这个世界充斥着言过其实的简历、舞台上的母亲、摇尾乞怜的朋友、自我吹捧、自恋、在卧室中摆满毫无意义的高中时期获得的奖杯。这个女人准确地衡量

了自己的价值,并将自己置于电视真人秀狂热的考验中进行测试。"不夸张地说,从苏珊的故事中我们可以看到爱的救赎能力:母亲和女儿之间的爱。布里奇特非常爱苏珊,因此鼓励苏珊去做出一点成绩来;苏珊爱她的母亲,所以她不顾毁掉自己的一切——至少是她的尊严——而勇敢地出现在了格拉斯哥的舞台上。

女性主义者当然也很了解苏珊的故事,他们指出从肤浅的外表是看不出一个人内在的价值。西雅图的一名音乐评论家 R.M. 坎贝尔在"音符汇编"网站上指出,苏珊并不是第一个产生影响的其貌不扬的歌手。"拥有一流嗓音的人比比皆是,但波伊尔与众不同的是:她外表平平。"她这么写道,或许有些苛刻,"她和埃拉·菲茨杰拉德有些相似。菲茨杰拉德体重偏胖, 戴着眼镜——一个女艺人不应该是这个样子。当一个女人毫无吸引力时,确实很难在事业上有所成就。但菲茨杰拉德是一个伟大的歌手和音乐家,她的崛起超越了她的自身状况,她的事业延续了60年。"

也许对苏珊来说达到这么长的音乐生涯或许已经来不及,但即便如此,能与这个伟大歌手做比较也是值得自豪的。

苏珊的故事是令人欣慰, 是少有的好人最终取得胜利的例子。在生活中,尤其是在演艺圈里,现实总是残酷的,只有不择手段的人才能取得胜利,温柔、谦逊的品质无法造就世界上最成功的人士。然而,这一次,出现了例外。

"像苏珊这样的人才是凝聚社会的力量,当好事最终降临到他们身

上大家都觉得很开心。"新泽西《明星报》这样写道，"看到一个肥胖的中年女性，化着淡妆或者说没有化妆，穿着一条旧裙子出现在舞台上，用她美妙的歌声粉碎人们的嘲笑，这真的是一种荣幸。即使安徒生也编不出这样的童话故事。"

纽约《每日新闻》报也十分热衷于总结苏珊的胜利时刻。"当这个完全不起眼的人声称希望进入世界上最富魅力的王国——成为一名明星时，观众们都在嘲笑她。"上面写道，"但是当她开始唱歌时，所有嘲笑都消失了，人们刚刚都在想她肯定没什么本事，可是，现在这些人都被她征服了，她比那些经过雕琢、富有魅力、人们也寄予很高期望的年轻演员更加光芒四射。"这又是一个人不可貌相的例子。

记者和博客主们纷纷记录现在发生的这些事情——苏珊现在可真是红啊。这并不奇怪，但奇怪的是学术界也开始对此事感兴趣。世界各地的人们都很关注苏珊的故事，以致华盛顿大学人类学教授罗伯特·肯菲尔德博士针对这个现象写了一篇题为《苏珊·波伊尔和道德想象的力量》的论文。在文章中，他指出苏珊演唱的歌曲《我曾有梦》的歌词事实上是有关希望的破灭、生命的挥霍和青春誓言的舍弃。还有什么歌能比这首歌更适合由苏珊来演唱呢？孩提时候被家人庇佑，受外人忽视和欺凌，苏珊曾经幻想过但已化为灰烬的梦想到底是什么呢？但是她还是拥抱住了这晚来的希望，她这一生也能够有所成就。

"埋藏于人类心灵深处的感觉、渴望和焦虑通常是用言语无法描述出来的。"他写道，"但是我们经常会被外界发生的事情所触动，触动我

们的内心深处。每当这些时刻，我们就会想起我们是人类——不仅仅是动物，而是人类，是有着崇高道德理想的人类，这种感觉突破禁锢，闯入公共视野，震撼人心。有时候在某个人、某件事、某个物体、某首歌里，蕴含着我们的这种感情，能立即触动我们，这时，我们就会发现我们其实有很多相似之处，而这是在其他情况下发现不了的。于是这就成了一起社会事件，我们可以同欢笑，共哭泣。"

苏珊成了一个现象以致她立即为流行文化所接受。这在英国可以找到不少例子，但在美国她又一次成了开拓者，将她融入到流行文化创造的艺术作品中去。《南方公园》是第一个领跑者，苏珊的名字出现在里面，但它的风格还是那样粗俗。卡特曼召集《南方公园》里的同伴们一起离家出走加入索马里海盗，卡尔在给父母的信中写道："亲爱的爸爸妈妈——我要离家出走了。学校的每一个人都是笨蛋，如果再有人跟我说苏珊·波伊尔《悲惨世界》的表演，我就要吐了。"这在某种程度上也是一种赞赏。

之后，很多节目中也加入了跟苏珊相关的内容。"吉米晚间脱口秀"中有一集短喜剧谈论剪辑的内容。它展示了一系列办公室里发生的场景，刚开始是丢了一份文件，接着是咖啡机坏了，最后以僵尸们攻进大楼结束。但是任何事情对员工来说都显得无足轻重了，因为他们都被苏珊在海选时的演唱征服了，"太棒了！我爱这个女人。"最后吉米高喊道：喜欢这个女人的可不止他一个人。

接下来出场的是美国最不正常的家庭——《辛普森一家》。为了纪

念这部片子 20 周年纪念日这个里程碑,制作方制作了一集《斯普林菲尔德星光大道》。荷马·辛普森来到舞台上做自我介绍,他说:"我的名字是荷马·辛普森,今年 39 岁,嗯,我现在还没有和人接过吻。我的梦想是成为一名像苏珊·波伊尔一样的伟大歌手。"

5月发行了一个新的电子游戏《模拟人生 3》,其中有个角色是基于苏珊创造的。继而在 6 月,英国终于也进入了这一行列,BBC 无线广播 4 台《我曾梦想》短篇故事开始播送,这个故事把苏珊和来自苏格兰的英国首相戈登·布朗作比较(戈登·布朗可一度是漫画家们笔下的常客)。11 月,势头又重回美国,在《我为喜剧狂》中,玛色林·修哥特扮演的凯西·盖斯模仿苏珊的方式歌唱,结果招来一片骂声。

如果你在 Google 中输入苏珊·波伊尔的名字,将会出现超过 1 800 万条搜索结果(这是撰写本书时的结果,数字会继续增加。)苏珊的演唱视频也一直是网络上点击次数最多的视频之一,其原因是一方面歌迷的数目在增加,另一方面是因为原来的歌迷们乐于反复观看视频。

位于这个漩涡中心的苏珊继续过着她自己的生活,她对自己引起的巨大反响仍然感到不知所措,但在阴影中过了这么久的她慢慢也接受了给予的名声,开始享受这种关注。她想过现在这样的新生活,也喜欢现在这样的新生活,任何一个怀疑她能否应付得了这些的人都会记住这一点。

最后一个让苏珊备受人们喜爱的原因就是她是一个普通女人。世界上的每一个人内心都会有点苏珊·波伊尔的色彩——这个受惊的小

女孩在学校被欺负,成人之后又被人忽视——但是苏珊证明了这是可以克服的障碍。每一个人都有过某种梦想,虽然我们很少能够将梦想进行到底。毕竟,离开安全地带,将自己暴露在一个并不宽容的世界下是需要勇气的——苏珊做到了这一点,并继续在这么做。苏珊·波伊尔的故事归根结底是——希望。

下面的评论摘自网络上无数为苏珊而建的歌迷网站。

她实在是太太太太……太棒了!我喜欢看那些猜测她为什么会引起轰动的文章,这些人一直在寻找那些听上去很复杂但其实很容易明白的答案。她一开始唱歌,她的声音便征服了整个舞台和每一位听众。

* * * * * * * * * *

很显然,对她的兴趣仍然还是全球性的。当我听到其他(年轻)歌手的歌迷们到处吹嘘他们的偶像是如何与众不同,我心想:"你就等着吧——你喜欢的歌手无法像苏珊一样赢得全世界的观众。"

* * * * * * * * * *

很多歌手从来没有得到过这种全球性的认可,苏珊只用了一次杰出的表演就做到了,紧接着是一张才华横溢的专辑。

转下脑袋想一想——还会有更多的！

* * * * * * * * * *

多么令人吃惊的采访（在澳大利亚广播电台）——苏珊听上去很开心、很自在——她现在也认为自己有着非凡的音乐天赋,对自身和自己的能力充满了信心——亲眼看到一个普通人变成一个唱着《我是谁》的明星是多么令人激动啊。

* * * * * * * * * *

09 年 12 月 15 日——YouTube 上苏珊的最新信息

大家好!!

向每个苏珊天地的人问好。努力在全球范围内搜集有关苏珊的新闻、奖品、访问和表演的视频真的不是一件容易的事情啊! 哇!!

这些最新信息花了我超过一个月的时候来搜集,谢谢你们在这个过程中如此耐心,这一切都很值得! 同时我把苏珊的《野马》(不仅仅在 AGT 那能看)归类在"其他所唱歌曲"栏下。这不会删掉原来的歌曲,只是将他们归在一起。这是到目前为止我能做到的最好了。首先你会到看到上次的结果,当然还有这次的结果。

初赛——194 721 285——203 397 586

半决赛和结果——61 568 444——66 271 003

决赛和结果——19 934 616——21 354 863

采访和新闻头条——26 819 361——44 144 917

"英国达人"巡回演出——1 400 205——1 816 409

其他所唱歌曲——33 137 701——42 077 564

颁奖典礼——656 087——4 624 972

总数——340 808 132——383 687 314

两次差距 ——42 879 182

9月9日到12月15日!!我们的苏珊怎会停下脚步呢!?

祝大家圣诞快乐!!

* * * * * * * * *

哇!!!

她在里面华丽得令人震惊……这么开心，化了这么漂亮的妆,还做了很好看的发型!

* * * * * * * * *

太感谢你们贴在上面的这些超级超级棒的图片——有谁确切地知道苏珊表演的时间吗？——这是另一条新的裙子？……诱人的梅红色,稍微有点露的裙子,多一点的肌肤,引人

注目的摇曳的耳环,还有非常柔软的发型,很像在巴黎……这是哪一天,她唱了什么歌??????

* * * * * * * * *

苏珊很快会拥有一个装满奖章和奖品的房子。我在猜想小石头会不会也得到一份奖品?

* * * * * * * * *

苏珊·波伊尔是一个了不起的声乐家……她实现了"梦想",我们都为她的才华而称道……她的嗓音使我浑身颤抖,热泪盈眶,苏珊,谢谢你的分享!

* * * * * * * * *

我的哥哥今天把它发给我,我被征服了。她太棒了!!!一个弱小者使全世界震惊是怎样的一段路程。她是真正的珍宝,一个最终能为全世界和她幸运的猫咪所共享的天才。上帝保佑她。

* * * * * * * * *

我碰到了一大批正在对他们所谓的"媒体炒作"大惊小怪的人——真的是一大批人,一只手数不过来。并不是媒体震惊了全球,是她的才华,她在舞台上的表演,还有她现在的

歌迷。说"炒作"，应该是我们"炒作"。"英国达人"使她有机会上电视，但很大程度上是世界发现了她，这并不是炒作，"炒作"是布兰妮做的各种蠢事，惹上官司，故意做一些猥亵的事情来吸引注意力。那才是媒体引发的炒作。苏珊没有炒作！！！！

* * * * * * * * * *

我知道，苏珊对人们来说是一种鼓舞，我从小被忧郁症所困扰，当我听到她的歌声，我的精神为之一振。我想问她："你怎么现在才出现？"我祝愿她一切顺利，永远不要停止歌唱。

* * * * * * * * * *

自从我第一次在"英国达人"上看到苏珊，我便成了她的忠实歌迷！

苏珊是独一无二的！她的美妙歌喉和毫不做作使她赢得了全球无数的歌迷！我不会忘记她第一次演唱《我曾有梦》，我听了一次又一次，在这几个月之后还反复在听。和柏布一样，我想我至少要点击几百次。哈哈！

* * * * * * * * * *

我每天都像承诺的那样去访问 YouTube 上的视频。见鬼，我总是听得热泪盈眶，如此的难以置信。每一次都像第一次观看一样美好，她是如此的可爱。一个有着感人和美丽故事

的伟大天才,永远不会老去,永远不会。

* * * * * * * * * *

和克里斯蒂一样，我也一直在看这个视频。即使有了唱片，我还是回去看了很多次。观众惊讶的面部表情和合不上的下巴使她的故事更令人折服，她的唱片带给我们有如天籁的声音，但我必须说是 YouTube 将她的故事以及天籁般的声音结合在了一起。这是多么的悦耳！我很喜欢这张唱片还因为我可以将它拿到车里播放。

我很开心能够起到一点作用，使她上升到第 9，然后第 8，第 7……我看不厌这个当今音乐历史中辉煌灿烂的时刻，我现在就在看，如果有时间的话我会每天，甚至更频繁地访问她 YouTube 的网址。感谢苏珊给我们带来的这一切！

* * * * * * * * * *

魔术——真正的魔术！

我看了无数遍第一次的海选视频,永远都看不厌。真的是难以置信，每一次的观看都让我激动得像是第一次观看，浑身颤抖。观众都为之疯狂,这是最愉悦的经历。她声音中的力量还有她对这首歌的诠释是史无前例的，难怪她可以得到观众长时间的起立鼓掌！

加油,苏珊,加油！我们爱你！

* * * * * * * * * *

我要向苏珊传递一个很重要的信息。我的女婿患有痴呆症,他说苏珊是上帝今年送给我们的圣诞礼物。每天从早到晚他都要我们给他播放这张唱片,也经常被我们带到汽车里播放。她的出现对我们全家和乔来说真的是一种福祉……我们很快又要再去买一张新的……我们都很期待她的下一张专辑。上帝保佑苏珊。

* * * * * * * * * *

不要理会那些用恶毒的词语来形容一个天才的愚蠢的人们。恶意的评论,当然应该被挑战,但是苏珊已经远远高于那些描写她的文章,他们所用的语言也无关紧要。想想看——两次洛杉矶之旅,一次纽约之行,参加本土的"X因素",巴黎,德国,自己的电视节目,和英国最受敬仰的歌手之一合唱——哇哇哇!这个可爱女士几个周真不可思议啊,还有连续三周全球专辑排行榜的冠军。是的,我想我们可以接受苏珊成功的事实了。我们很多人担忧,祈祷,希望她可以成功,我们的祈祷得到了一千倍的实现。做得很棒,苏珊,做得很棒,歌迷们,我们重创了那些嘲笑的家伙。

* * * * * * * * * *

对于我来说，我不知道为什么他们一直在说她"慢一拍"——如果她都"慢一拍"的话，那我肯定远远低于最低标准了！！

我所听到苏珊在接受采访时的回答敏捷而且清晰！加上她强烈的幽默感，她真的是很独特！

全世界观众对她的精彩演出和屡破记录都十分令人喜爱和欣赏，"公众舆论"也有相同感受。

* * * * * * * * *

苏珊可以做得这么好并不让我惊讶。苏珊·波伊尔是一个真正的人才，不是用好莱坞用化妆品打造出来的，那些好莱坞精英们过着低俗的生活，完全不懂唱歌。我住在洛杉矶，来自英国的苏珊是一缕新鲜空气，她代表了我们，真正的人们。

* * * * * * * * *

虽然我生活在美国(我有着纯正的爱尔兰背景……)，希望在这里写上我贫乏的"微不足道的东西"是可以接受的；真好！4月10日星期五是我50岁的生日，我在纽约长大，无比幸运地看过许多原创的百老汇音乐剧表演。这个星期我听到了苏珊·波伊尔的歌声，她的声音是我听过的最好的声音之一，我佩服得五体投地。再加上她的天真、她的勇气、还有"西

蒙式"的评价——说实话——我们所有人都在她开口之前取笑过她,嗯,真的太好了!!(说得差不多了,是吗?)

* * * * * * * * *

你们好,我的名字是保罗,我和苏珊来自同一个村子,而且我曾见到过她,但是我压根没想过她会唱歌!!直到8月3日星期六的晚上,我被这继黛比·哈瑞之后最美妙的歌声震撼到了。那时候我正在照看我的小外甥扎克,她美妙的嗓音唱出了我最喜欢的音乐剧中的歌曲,我还有我的小外甥都知道一些特殊的事情正在发生!我真的爱你,而且很乐意花费8.99美元来买你的专辑!

* * * * * * * * *

毫无疑问,这是45年来我在电视机前看过最神奇和最感动的事情!!!我大概已经反复看了40多次,而且每次都会流下喜悦的泪水!!

* * * * * * * * *

苏珊就像一个邻家阿姨,没有人会多加注意的那种类型,因为一些原因,当你达到并超过了一定的年龄,你对别人来说就无异于幽灵了,他们的眼中不再有你!在我消沉的日子里,你美好的性格和美妙的歌声使我的心灵再度欢唱,谢谢你那

个晚上唱着那首歌出现在我的生命中。我希望有一天你会找到一个实实在在的男朋友，我希望你会拥有第一次被轻吻的经历。永远不要放弃梦想，让梦想成真。

　　　* * * * * * * * *

　　太好听了！简直是天籁！我将这个视频看了一遍又一遍，它真的是太感人了。我相信你的梦想正在实现，你很快就会成为明星中的一员。恭喜你跨出了通往成功的第一步(我相信你会让布莱克本和的苏格兰每一个地方的人感到无比骄傲)。你值得拥有这一切 :o)